SYLVIA BROWNE

COM LINDSAY HARRISON

O OUTRO LADO DA VIDA

André Madeiro

SEXTANTE

tradução
Renata Catanhede Amarante

preparo de originais
Regina da Veiga Pereira
Alice Dias

revisão
Damião Nascimento
Luis Américo Costa
Sérgio Bellinello Soares

projeto gráfico e diagramação
Valéria Teixeira

capa
Miriam Lerner

impressão e acabamento
Bartira Gráfica e Editora S/A

CIP-BRASIL. CATALOGAÇÃO-NA-FONTE
SINDICATO NACIONAL DOS EDITORES DE LIVROS, RJ

B898o Browne, Sylvia, 1936-
O outro lado da vida / Sylvia Browne com Lindsay Harrison [tradução de Renata Catanhede Amarante]. – Rio de Janeiro: Sextante, 2008.

Tradução de: The other side and back
ISBN 978-85-7542-368-4

1. Espiritualidade. 2. Conduta – Miscelânea. I. Harrison, Lindsay. II. Título.

CDD 291.4
08-0446 CDU 291.4

GMT Editores Ltda.
Rua Voluntários da Pátria, 45 – Gr. 1.404 – Botafogo
22270-000 – Rio de Janeiro – RJ
Tel.: (21) 2538-4100 – Fax: (21) 2286-9244
E-mail: atendimento@esextante.com.br
www.sextante.com.br

Sumário

Uma nota para os meus leitores 7

1 Ajuda do Outro Lado: nossos anjos e guias espirituais 12

2 Magia e milagres de todos os dias: descobrindo e criando alegria em sua vida 27

3 Sua vida pessoal: a visão de uma médium espiritual sobre relacionamentos e famílias 41

4 Sua saúde: receitas mediúnicas para a mente e o corpo 52

5 Vida após vida: como descobrir suas vidas passadas 67

6 Assombrações — o que são e o que você pode fazer 88

7 O Lado Negro: proteção contra o mal que nos cerca 101

8 Dez coisas que tememos e por que não devemos ter medo delas 116

9 Uma bênção final 134

Apêndice: Afirmações 135

Uma nota para os meus leitores

Este livro é sobre você.

É sobre o poder que Deus lhe deu, como se reconectar a ele e como usá-lo bem.

É sobre as coisas simples que você pode realizar todos os dias para trazer uma melhora real para sua vida e as vidas daqueles que você ama.

É sobre encontros com seu Guia Espiritual e seus Anjos, e reencontros com entes queridos que já partiram.

É sobre reencontrar suas vidas passadas e a eternidade do seu espírito.

É sobre sua saúde, seus relacionamentos, sua família, seus filhos, seu propósito em estar aqui e todas as preocupações tão humanas que perturbam seu sono e sua paz de espírito.

É sobre a mágica, os milagres e o apoio do Outro Lado que estão sempre à sua volta, só esperando que você aprenda a percebê-los.

É sobre nunca mais se sentir sozinho, ou desamparado, ou sem valor.

É sobre nunca mais ter medo de morrer... ou medo de viver.

Meu nome é Sylvia Browne. Passei 47 anos fazendo de tudo: 20 consultas por dia, séries de palestras, aparições no rádio e na TV, investigações sobre assombrações e crimes, pesquisas sobre paranormalidade, trabalhos com mais de 100 médicos e psiquiatras de todo o país, tudo isso com uma Guia Espiritual chamada Francine constantemente sussurrando no meu ouvido.

Parece um pouco estranho começar um livro sobre você falando de mim mesma. Mas acho que preciso me apresentar.

Eu nasci em Kansas City, no Missouri, em 1936, de um pai maravilhoso, Bill Shoemaker, e uma mãe, Celeste Shoemaker, que eu posso descrever com educação como “não exatamente a pessoa mais divertida do mundo”. De qualquer forma, ela foi a conexão genética com a mãe dela, minha espetacular e adorada avó, a médium brilhante Ada Coil, que vinha de uma linhagem de três séculos de médiuns. Essa razão bastaria para justificar a existência de minha mãe.

Graças a Deus, à hereditariedade e ao meu projeto – o plano de vida que todos nós escrevemos do Outro Lado antes de virmos para cá –, eu nasci médium. Cheguei ao mundo com uma membrana fetal enrolada na cabeça, o que é um antigo sinal de que um recém-nascido recebeu o dom da mediunidade ao nascer.

Francamente, durante os primeiros anos da minha infância, ser médium parecia mais um fardo do que um dom. Quando eu tinha cinco anos, por exemplo, certa noite, em um jantar em família, eu "vi" os rostos das minhas duas bisavós derretendo – não foi agradável, pode acreditar. Ambas faleceram em seguida, num intervalo de duas semanas. Até vovó Ada pacientemente me explicar minha visão e os poderes psíquicos que a tinham causado, achei que de alguma forma eu tinha matado as duas. Mais tarde, anunciei a morte do meu avô para a família antes que meu pai chegasse em casa com a má notícia. Informei a meus pais, quando tinha três anos, que eles me dariam uma irmãzinha quando eu tivesse seis (nenhum médium é 100% – Sharon se antecipou e nasceu um mês antes do meu sexto aniversário). Eu via espíritos visitantes tão claramente quanto via todas as outras pessoas na sala, e achava que todos os viam também, até a vovó Ada explicar como e por que eu e ela tínhamos uma "sintonia" diferente das outras pessoas. Eu tinha cinco anos quando comecei a me interessar por aquelas "outras pessoas" que ninguém além de mim parecia perceber.

A vovó Ada sempre reagiu ao meu dom irreprimível com apoio, amor, compreensão e a profunda compaixão de uma mulher que passara por aquilo também. Papai reagia com orgulho divertido e fascinado. Mamãe assumia a posição de que ter outro médium na família seria tão bom quanto abrir um buraco na cabeça e, "por coincidência", desenvolveu o hobby de ter enxaquecas.

Provavelmente o evento mais significativo da minha infância – e do resto da minha vida, aliás – aconteceu quando eu tinha oito anos. Certa noite, tendo recebido ordens severas de dormir, comecei a brincar com uma lanterna. De repente a luz foi aumentando até que todo o meu quarto brilhava. Do meio da luz saiu uma mulher alta, sorridente, de aparência serena e cabelos negros, que disse calmamente: "Eu venho de Deus, Sylvia. Não tenha medo." Fácil falar. Eu corri e abracei a vovó Ada, que estava na cozinha. "Oh", respondeu ela, contendo um bocejo, "foi a sua Guia Espiritual. Ela está aqui para ajudar você."

Descobri que minha Guia Espiritual era uma mulher de ascendência inca e asteca chamada Iena, que morrera na Colômbia, sua terra natal, no início do século XVI. Rapidamente substituí o terror por autoritarismo. Disse-lhe que estava mudando o nome dela para Francine. Ela foi gentil o bastante para não ligar, e até hoje é minha companheira, amiga, conselheira, professora, confidente e protetora... até certo ponto. Ela sabe que os erros e as dificuldades são inevitáveis e necessários ao progresso do espírito humano e tem me deixado experimentar bastante das duas coisas.

Vou repetir duas afirmações mais de uma vez ao longo do livro porque são muito importantes: nenhum médium, inclusive eu, é 100% preciso, e nenhum médium verdadeiro pode usar seu dom para si mesmo. Deus generosamente nos concedeu um dom, não para acumular riquezas ou jogar na loteria, mas para dar aos outros de forma generosa. Como um filho, esse dom não é uma coisa que possuímos. Ele nos é confiado como uma força independente para que o conservemos e o aprimoremos. E, se fazemos mau uso dele, merecemos perdê-lo.

Como a uniformidade não era o forte da minha família, fui criada como católica, judia, episcopal e luterana, com ênfase no catolicismo. Houve uma época em que achava que queria ser freira. Mas, como não consegui encarar seriamente a idéia de me tornar freira, em vez disso me tornei uma professora católica por 18 anos.

Com Francine sempre resmungando no meu ouvido e meu dom mediúnico dado por Deus me cobrando constantemente, percebi, afinal, que ser médium e ser apaixonadamente espiritual não eram coisas incompatíveis. Eu podia, e devia, devotar minha vida a ambos.

Comecei a dar consultas e a dividir o que sabia com grupos de amigos e depois amigos dos amigos. Quinze ou 20 pessoas em uma sala de estar se tornaram 200 ou 300 pessoas em igrejas e auditórios, o que com o tempo evoluiu para aparições na TV, no rádio e compromissos com um público de duas ou três mil pessoas, em lugares onde elas tinham que ficar de pé.

Quanto mais eu aprendia sobre poderes mediúnicos e espiritualidade, mais eu queria aprender. Tornei-me uma ávida estudante de teologia e religião comparada e li todas as 26 versões da Bíblia, bem como todos os outros livros religiosos importantes que consegui encontrar: o Alcorão, o Talmude, os ensinamentos de Buda ou o Livro Egípcio dos Mortos. Em 1974, criei a Fundação Nirvana para Pesquisas Mediúnicas (hoje a Corporação Sylvia Browne), uma organização profissional sem fins lucrativos para o estudo e a pesquisa da paranormalidade. Tornei-me uma mestra em hipnose.

Eu sempre senti que devo a meus clientes e amigos algo mais do que sou capaz de dividir em palestras e consultas – um livro que possa ajudá-los a responder questões importantes quando eu não estiver por perto e, principalmente, para confortá-los em momentos de dificuldade e desespero. Achei que funcionaria melhor se fosse um manual de instruções introdutório que não apenas explicasse os princípios básicos da vida, da morte e do Outro Lado, mas que realmente desse indicações simples de como usá-los. Por isso, uma noite, ao jantar, disse para minha amiga Lindsay Harrison, que é roteirista profissional: "Vamos escrever um livro juntas." Ela aceitou.

Este, portanto, é o manual de instruções que eu queria escrever, baseado nos conhecimentos que acumulei nesta vida.

Sei que Deus está vivo e bem. Ele nos criou. Ele nos ama contínua, eterna e incondicionalmente, e Ele é tão parte de nós quanto nossos pais, nossos avós e todos os nossos ancestrais.

Sei que o Outro Lado e os espíritos que vivem lá são tão reais quanto esta Terra em que vivemos, e que a única coisa que separa o "aqui" do "lá" é uma diferença finamente velada na freqüência vibracional.

Sei que não existe a morte, porque nosso espírito sempre esteve vivo e sempre estará. Somos tão eternos quanto o Deus que nos criou.

Sei que deixamos nosso Lar do Outro Lado muitas vezes para vir à Terra, com o propósito de experimentar e superar a negatividade e aprender com isso, em um processo de aperfeiçoamento espiritual. Escolhemos quem e o que seremos todas as vezes, antes de vir para cá, e até escrevemos nossos próprios projetos para mapear exatamente o que queremos realizar nessa breve jornada longe do Lar.

Sei que sempre estamos cercados por Guias Espirituais, Anjos, entes queridos que já partiram e pelo próprio Deus, e que podemos ter pronto acesso a todos eles simplesmente se aprendermos como.

Por fim, sei que se pelo menos uma coisa neste livro acrescentar mais amor, felicidade, esperança, poder e paz à sua vida, poderei considerar isso uma honra e uma oração atendida.

Do fundo do meu coração, que Deus abençoe você.

1

Ajuda do Outro Lado: nossos anjos e guias espirituais

Quase todas as religiões do mundo aceitam o fato de que os espíritos sobrevivem à morte. No entanto, se você disser que pode se comunicar com eles, vão achar que está louco. Então os espíritos existem, mas nós não podemos nos comunicar com eles? Para mim *isso* é que é loucura. Claro que podemos! Fazemos isso o tempo todo, tendo ou não consciência.

A verdade é que nunca estamos sozinhos. A cada momento de nossas vidas estamos cercados por um grupo do Outro Lado que nos conhece, nos ama e nos compreende melhor do que nós mesmos.

Tenho certeza de que você acharia mais fácil acreditar se de fato pudesse ver e ouvir seu grupo de apoio espiritual tão claramente quanto vê e ouve as pessoas ao seu redor. Mas pense numa coisa: quando você se afasta de casa e da família para ir trabalhar, deixa imediatamente de acreditar que essas coisas existem até estar frente a frente com elas de novo? Claro que não. Não importa o quanto o seu dia seja difícil ou desgastante, você nunca duvida de que, quando o dia acabar, sua casa e sua família estarão onde você as deixou.

O que acontece no seu dia-a-dia é exatamente o que se passa na vida da sua alma, e por isso a mente e o coração podem ter a mesma certeza de que seu Lar e sua família eternos são reais. Você deixou seu Lar – o Outro Lado – e sua família espiritual para vir para esta vida. E, quando ela se encerrar, você vai encontrar o mesmo Lar e a mesma família esperando onde os deixou. Se, como eu, você passar pela vida sentindo certa nostalgia, não importa onde esteja, é porque sua alma se lembra de um lugar onde todos nós estivemos antes e anseamos por voltar.

O Outro Lado

O Outro Lado é o lugar de onde nossos espíritos vêm quando entramos no útero à espera do nascimento e para onde eles vão quando morremos. É o céu, o paraíso mais espantosamente belo que nossas mentes terrenas podem imaginar. Costumamos visualizá-lo sobre as nuvens, depois da lua e das estrelas, além da Terra do Nunca.

Mas a verdade é muito mais fascinante e reconfortante do que isso: o Outro Lado fica bem aqui entre nós, uma outra dimensão superposta ao nosso próprio mundo, mais ou menos um metro acima do que para nós é o "nível do chão". Sua freqüência vibracional é muito mais alta que a nossa e é por isso que não o percebemos. Para uma comparação simples, pense em um apito de cachorro – a freqüência é tão alta que parece silenciosa ao ouvido humano, mas os animais a ouvem claramente. Parte do dom de um médium é, na verdade, a capacidade dada por Deus de perceber uma quantidade maior de freqüências vibracionais, o que explica por que podemos nos comunicar com o mundo espiritual com mais facilidade do que as chamadas pessoas "normais".

Normalmente, Francine me dá informações sobre o Outro Lado e eu as confirmo através de pesquisa meticulosa, incluindo regressão por hipnose. No caso da localização do Outro Lado, no entanto, esse processo funcionou ao contrário. Décadas atrás, eu estava com uma cliente chamada Anne, trabalhando a morte dela em uma vida passada. Ela descreveu a família reunida em torno da cama para dizer adeus e o quarto pequeno no qual estava morrendo. Para espanto dela, e meu, quando o lendário túnel apareceu para levar seu espírito para o Outro Lado, ele não apontava do corpo dela para cima, mas atravessava o quarto ligeiramente acima do plano terreno que ela estava deixando.

Quando percebi que um cliente após o outro, sem nenhuma orientação minha, sempre descrevia exatamente a mesma experiência, comentei finalmente com Francine, certa noite, como se lhe contasse uma novidade: "O Outro Lado é bem aqui!"

Ela respondeu: "Claro que é aqui."

Outra coisa que descobri: todos os espíritos do Outro Lado têm 30 anos. (Sim, incluindo nós, não importa se chegamos lá com dois ou 92 anos.) Quando minha Guia Espiritual me contou isso, perguntei: "Por que 30?" A resposta foi: "Por que não?" Isso encerrou aquela conversa. Mas acho que 30 anos é uma boa idade física, pois nela estamos bastante confortáveis em nossos corpos. Os espíritos podem assumir suas formas terrenas quando vêm nos visitar, para nos ajudar a reconhecê-los, mas em sua vida cotidiana no Outro Lado eles não apenas têm 30 anos como também podem escolher os próprios atributos físicos, da altura e do peso à cor dos cabelos.

Preciso deixar uma coisa bem clara, se é que ainda não está. Para descrever o Outro Lado e as diferenças entre a vida lá e a vida aqui na Terra, estou usando pronomes como nós e eles. Por favor, entenda que nós já fomos eles muitas e muitas vezes, e vamos voltar a fazer parte deles quando esta vida estiver encerrada. Todos nós, aqui e no Outro Lado, somos parte do mesmo Todo, fibras do mesmo tecido perfeito da criação de Deus. Estamos separados apenas por uma transição natural a que chamamos "morte", uma transição que é na verdade o jubiloso ciclo de nossos espíritos eternos indo de volta ao Lar.

O Lar é muito mais complexo e magnífico do que simplesmente um mar sem fim de nuvens brancas e fofas e céu azul. O Outro Lado é uma infinidade espantosa de montanhas, oceanos, amplos jardins, florestas – todas as maravilhas da natureza que existem aqui, com a beleza amplificada centenas de vezes.

Os animais, entre as mais perfeitas criações de Deus, também estão vivos no Outro Lado. Todos os animais que existem na Terra existem do Outro Lado e são adequadamente tratados e respeitados por serem espíritos puros, inocentes e sem malícia.

É provável que você fique tão aliviado quanto eu ao saber que as entidades do Outro Lado não passam o tempo todo deitadas tocando harpa. Isso pode ser bastante agradável por cinco ou dez minutos, mas por toda a eternidade? Na verdade, os residentes do Outro Lado apresentam-se ativos e animados. É ridículo da nossa parte falar deles como "mortos". Seria ótimo se estivéssemos "mortos" como eles. Todos estudam, trabalham e pesquisam – por escolha própria e com grande satisfação. Todas as artes, ofícios e hobbies que há aqui existem lá, só que muito mais estimulantes. Palavras como aborrecimento, solidão e tédio não fazem parte do vocabulário local.

Ainda mais fascinante é saber que as entidades do Outro Lado também criam de tudo, de invenções e curas médicas a grandes avanços nas artes, na música, na filosofia e na ciência. Essas criações são transmitidas através de telepatia sutil para aqueles na Terra que têm as técnicas, as ferramentas e a dedicação para torná-las realidade. Se alguma vez você se perguntou por que as grandes idéias humanitárias parecem ocorrer quase que simultaneamente a pessoas isoladas em lados opostos do mundo, agora você sabe – o Outro Lado gosta de garantir que suas melhores contribuições receberão a máxima atenção aqui. Isso não tira nem um pouco do crédito das pessoas brilhantes entre nós que realizam esses avanços. As entidades do Outro Lado precisam de mãos e ouvidos talentosos e dispostos para realizar seu trabalho, tão certamente quanto nós precisamos de sua divina inspiração.

Não há negatividade no Outro Lado, nem agressão, ciúme, orgulho ou julgamento. Esses atributos são criações estritamente humanas, não de Deus. E é exatamente por causa dessas características humanas que fazemos a escolha aparentemente insana de deixar nosso Lar do Outro Lado e percorrer outra encarnação.

Nosso propósito ao vir até aqui é aprender e adquirir sabedoria, sendo, como somos, extensões de Deus capazes de sentir e experimentar. Já ouvi e li diferentes interpretações sugerindo que a cada encarnação nossos espíritos "evoluem", em um esforço para ficar "mais perto de Deus". Isso simplesmente não é verdade. Nossos espíritos já estavam plenamente "desenvolvidos" quando Deus os criou. Somos parte Dele assim como Ele é parte de nós. Portanto, não existe isso de ficar "mais perto" de Deus – já estamos lá.

Uma vez, quando eu era jovem e atravessava um período complicado, perguntei a uma alma muito sábia por que a vida tinha que ser tão difícil. Ela respondeu com uma pergunta: "O que você aprendeu nas épocas em que a vida foi fácil?" Embora eu deteste admitir isso, ela tinha razão. Não aprendemos quando não há obstáculos no caminho, e sim quando superamos aqueles que encontramos. É por isso que nossos espíritos às vezes sentem necessidade de deixar o Outro Lado e vir até aqui – para experimentar e superar a negatividade em todas as suas formas, aprender com isso e depois levar o conhecimento de volta ao Lar.

A pergunta que ocorre é que, se temos acesso a todo o conhecimento no Outro Lado, por que ter o trabalho de viver a "negatividade"? Por que simplesmente não ficamos na perfeição do Lar?

Se Deus tivesse criado nossos espíritos para se satisfazerem com conhecimento sem precisar da experiência, Neil Armstrong nunca teria pisado na Lua, Leonardo da Vinci ficaria ocupado demais lendo livros de arte para ter tempo de criar a Mona Lisa, e William Shakespeare teria passado a vida inteira indo ao teatro sem nunca se dar ao trabalho de escrever uma peça.

A mesma força, coragem, disciplina, curiosidade e fé que admiramos nessas pessoas foi necessária para que escolhêssemos experimentar outra vida humana.

Assim que nossos espíritos tomam a decisão de habitar um corpo humano, criamos um projeto para essa vida com base naquilo que estamos mais interessados em vivenciar e aprender para ter êxito em nossa eterna busca de conhecimento. Esse projeto inclui tudo: o tipo de pais, famílias e infâncias que teremos, os caminhos profissionais, as circunstâncias de saúde e finanças, as preferências sexuais, os casamentos, os filhos e a duração de nossas vidas. Também selecionamos uma "linha de opção", que é uma área na qual sentimos que temos mais a aprender e que, portanto, irá apresentar a maior quantidade de desafios enquanto estamos aqui.

Podemos escolher entre sete linhas de opção: família, vida social, amor, saúde, espiritualidade, finanças e carreira. Se prestar atenção na sua vida, aposto que descobrirá um item nessa lista com o qual você, por mais que tente, tem grandes dificuldades. Nos piores momentos, ele transborda sobre os outros seis, dando a impressão de que você está fazendo tudo errado. Não entre em pânico. Não é uma aflição que lhe foi imposta contra a sua vontade. Na verdade, essa é a área de desafio que você escolheu. Pense nisso como a matéria na qual você decidiu se "graduar" desta vez para que possa chegar a dominá-la algum dia.

Além de mapear nossos projetos antes de vir para cá, fazemos contratos sagrados com entidades do Outro Lado que cuidam de nós, nos protegem, ajudam e aconselham ao longo da jornada terrena que escolhemos empreender. O mais íntimo desses conselheiros é o nosso Guia Espiritual, que, com a ajuda de Deus, concebe e revisa o projeto conosco e está ao nosso lado a cada passo do caminho.

Cada um de nós tem um guia espiritual, alguém de quem éramos muito próximos, a quem confiamos nossa alma no Outro Lado e que concordou em ser nosso companheiro constante, vigilante e auxiliar quando fizemos a escolha de experimentar outras vidas na Terra.

Todos os Guias Espirituais passaram pelo menos uma vida aqui, por isso são capazes de compreender os problemas, os erros, as tentações, os medos e as fragilidades inevitáveis no mundo humano. Na verdade, a maioria de nós já foi ou será o Guia Espiritual de alguém em algum momento. Em raras ocasiões, seu guia é um ancestral ou alguém com quem você compartilhou uma vida passada. Como a sua relação com o Guia foi estabelecida entre os dois espíritos no Outro Lado antes do seu nascimento, é impossível que ele seja alguém que você conheceu nesta vida.

Minha Guia Espiritual, Francine, nasceu no norte da Colômbia em 1500 e foi morta em um ataque espanhol à sua cidade em 1520. Essa foi sua única encarnação na Terra e nunca nos conhecemos até nos encontrarmos e ficarmos grandes amigas no Outro Lado.

O trabalho dos Guias Espirituais é instigar, encorajar, aconselhar, apoiar e guiar cada um de nós no caminho da vida. Eles contam com diversas vantagens que ajudam nesse trabalho. Em primeiro lugar, têm a ligação mais próxima possível com nossos espíritos – a verdadeira essência de quem somos. Também estudaram e memorizaram nossos projetos. Nós, infelizmente, perdemos a consciência desses projetos durante nosso tempo na Terra e tendemos a nos desviar de nossos planos. Os Guias podem nos ajudar a voltar aos trilhos. Além disso, eles têm acesso direto ao divino conhecimento de Deus e podem estar em diversos lugares ao mesmo tempo, sem sofrerem o embaraço desses corpos a que damos tanta importância. Podem estar em uma palestra ou numa festa no mundo espiritual, ou visitar outro ser amado na Terra, e ao mesmo tempo continuar de olho em nós.

Se por acaso vocês estão imaginando um bando de voyeurs, assistindo a todos os nossos movimentos e invadindo nossos momentos mais privados, deixe-me acalmá-los. Eles são Guias "Espirituais" e não "Corporais". Preocupam-se com nossos espíritos e só com eles. Nossas diversas funções corporais não lhes interessam.

Outra coisa que um Guia Espiritual nunca faz é interferir nas escolhas que fazemos, ou nos privar do livre-arbítrio. Na melhor das hipóteses, eles oferecem alternativas e avisos. Mas nosso acordo com eles, desde o princípio, é de que estamos aqui para aprender e crescer, e eles sabem que não podemos fazer isso se ficarem constantemente nos protegendo das experiências em que aprenderemos as lições de que precisamos.

Os Guias se comunicam conosco de diversas maneiras, que perceberemos melhor se conseguirmos ficar quietos e prestar atenção.

Mas não se sintam prejudicados se seus Guias Espirituais não parecerem ter uma voz audível. Eles enviam muitas mensagens quase sempre através do seu subconsciente. O que você sempre interpretou como instinto, ou consciência, ou sonhos mais vívidos que o normal, provavelmente são sinais emitidos por eles. Essas experiências são comuns. Sem nenhuma razão aparente, você faz um caminho diferente do normal e depois descobre que evitou um acidente de carro. Num impulso, liga para um amigo e descobre que ele precisa de ajuda naquele momento. Vai dormir preocupado com um problema e acorda sabendo a solução. Qualquer situação que era atribuída a "alguma coisa me disse para..." pode ser transformada em "alguém me disse". São as mensagens do seu Guia Espiritual que você está recebendo – e colocando em prática.

Quanto a mandar sinais para o seu Guia, você pode e deve pedir ajuda, conselho e conforto sempre que sentir que precisa. Mas, por favor, lembre-se de uma coisa que tive muita dificuldade em aprender: o que quer que você deseje, seja objetivo.

Quando meu filho Paul tinha cinco meses de idade, pegou uma infecção que poderia ser fatal. Ele ficou 26 horas na UTI e durante todo esse tempo, rezei e implorei pela ajuda de Francine, sem obter resposta. Assim que ele recebeu alta, eu interpelei Francine, zangada, sentindo-me traída: "Como você pôde me abandonar quando eu achava que meu bebê ia morrer?" Com sua serenidade típica, ela respondeu: "Era isso, então? Eu sabia que você queria ajuda, mas não tinha idéia de qual era o problema. Sabe, eu não posso ler a sua mente."

Aquilo era novidade. Eu achava que ela sabia tudo sobre mim. Mas quanto mais eu pensava nisso, mais fazia sentido. Nossos Guias Espirituais conhecem nossos projetos, mas estes raramente contêm cada momento de medo que iremos enfrentar.

Os Guias Espirituais parecem ser absolutamente literais quanto ao que você lhes diz, por isso, quando falar com o seu, esqueça as sutilezas e os pressupostos subentendidos. Eis um exemplo perfeito: se eu perguntar a Francine "Você pode se descrever?", ela vai responder "Posso". Ponto final. Mas, se eu lhe disser "Descreva-se, por favor", ela vai ficar feliz em me atender.

Por favor, não deixe de falar com seu Guia Espiritual só por não saber quem ele é. Não se esqueça, os Guias já foram humanos pelo menos uma vez. Sabem muito bem que quase não trazemos memórias deles e de nossas vidas do Outro Lado, por isso não esperam que nos lembremos deles. Se você não foi apresentado ao seu, ou se nenhum médium o identificou para você, invente um nome para ele. Isso vai tornar seu Guia Espiritual mais pessoal e ele vai atender alegremente por qualquer nome que você invente pelo simples prazer de saber que você o reconheceu e acolheu.

Anjos

Embora todas as entidades do Outro Lado interajam entre si, os Anjos formam uma classe à parte e são diferentes dos Guias Espirituais de diversas maneiras importantes:

1. Os Anjos nunca encarnam – nunca experimentam a vida na forma humana. Em vez disso, eles são anúncios diretos de Deus, perfeita e eternamente vivos no Outro Lado, a não ser por breves viagens a esta dimensão em nosso benefício.

2. Os Anjos não examinam nossos projetos antes de virmos para cá nem têm conhecimento de nossos roteiros durante esta vida. Dependendo da dificuldade da vida que escolhemos, recrutamos um certo número de Anjos para observar nossa jornada desde o princípio, mas esse número pode aumentar nos momentos de maior desespero e perigo, assim como nos maiores esforços humanitários e espirituais. A

missão instintiva deles é nos ajudar nos momentos mais sombrios e sua alegria é observar e celebrar nossos melhores momentos. Se é possível usar o termo "normal" para esse assunto, eu costumava ver "normalmente" as pessoas virem para a Terra com dois Anjos recrutados e aumentarem esse número para quatro ou cinco no curso da vida. Cada vez mais, no entanto, tenho visto gente que chegou à Terra com quatro ou cinco Anjos e chega a ter dez ao seu redor à medida que enfrenta e supera os desafios.

3. Os Guias Espirituais e todos os outros espíritos transcendentes são masculinos ou femininos. Mas os Anjos, em sua forma natural no Outro Lado, são andróginos, com feições idênticas e extremamente belas. A cor dos cabelos e da pele varia, mas todos parecem brilhar e reluzir com uma luz divina interna.

4. Como nunca estiveram encarnados em um corpo humano, eles são mais "leves" na estrutura molecular e mais "fluidos" que os espíritos transcendentes ao viajar entre a dimensão deles e a nossa. Podem aparecer na Terra sem esforço e desaparecer em um piscar de olhos.

5. Uma descrição que define todos os encontros humanos com um Anjo diz que ele veio e se foi sem dizer uma palavra. Os Anjos são não-verbais, pois se comunicam através da infusão de conhecimento – a mesma transmissão direta do Espírito Santo para a mente através da qual Deus se comunica com todas as entidades do Outro Lado.

Como em tudo na criação de Deus, há uma "hierarquia" entre os Anjos. Quanto maior a ordem ou nível, mais poderoso é o Anjo. Mas, como tudo na criação de Deus, nenhum Anjo é mais próximo Dele ou mais importante para Ele que os outros. Os Anjos podem avançar de um nível para o outro, graças às boas ações ou à experiência adquirida, de modo semelhante ao percurso em uma escola.

Os Anjos são os calouros do grupo, aqueles que descem à nossa dimensão com mais freqüência para nos proteger e resgatar.

Os Arcanjos são os alunos do segundo ano e foram de certa forma os responsáveis pela "imagem" do grupo, porque os Arcanjos têm asas, ao contrário dos Anjos. Essas asas, assim como as tiaras e coroas que usam às vezes, são símbolos de honra, usados para identificá-los e delinear seu progresso na hierarquia. É interessante notar que, quanto mais feitos realizam, mais prateadas e douradas suas asas se tornam enquanto avançam para o nível seguinte. Os Arcanjos são os mensageiros – foi o Arcanjo Gabriel, por exemplo, que anunciou a Maria que Deus a escolhera para carregar Seu filho, Jesus.

Os Querubins e os Serafins são os alunos do terceiro ano, testemunhas de Deus na Terra, seus repórteres no local. Foram mais visíveis quando se reuniram para assistir com júbilo ao nascimento de Cristo.

Os formandos são os Tronos e os Principados, os mais poderosos dos Anjos e, de certa forma, os "guarda-costas" e "assessores" de Deus. Os Tronos são estáticos, não-ativos, repositórios de sabedoria que nunca descem à nossa dimensão. Os Principados descem, mas somente na mais terrível das circunstâncias e apenas quando Deus os envia. Somente os Principados podem, por exemplo, intervir em um momento cataclísmico ou potencialmente fatal em nossas vidas e, sob as ordens de Deus, alterar nossos projetos. E apenas uma união de Principados enviados por Deus, com poderes sem igual entre os Anjos, pode criar um milagre.

Conheço centenas de histórias de pessoas que viram, falaram ou foram salvas por um Anjo. Meu filho Chris, que é médium, passou a infância falando com seus Anjos. Minha neta Angelia, que tem seis anos e também é médium, não apenas fala e brinca com os Anjos como foi salva por um quando era bebê. Sua mãe, Gina, foi empurrada de volta para a calçada pelas mãos fortes de um Anjo um instante antes que um carro cruzasse a rua em alta velocidade, passando a centímetros do carrinho de Angelia. Uma cliente foi resgatada de uma ressaca na praia e deixada a salvo em terra por um brilhante Anjo dourado que desapareceu antes que ela pudesse agradecer. Outro ainda assistiu ao aparecimento da forma de um Anjo banhado em luz branca bem a tempo de amortecer a queda de seu filho de uma janela no segundo andar e salvar a vida da criança.

Muitas vezes os Anjos são confundidos com pessoas comuns, pois eles podem aparecer na forma humana. Eles podem se materializar brevemente de várias maneiras – de uma garotinha a um velho bondoso, sob qualquer forma que não assuste a pessoa que vieram ajudar ou que não atraia muita atenção. Por isso, se um estranho aparecer de repente, fizer um gesto para protegê-lo e depois desaparecer antes que você possa agradecer, tudo indica que você deve dirigir seus agradecimentos ao Outro Lado.

Eu não preciso ser médium para saber que você deve estar se perguntando neste momento onde estavam todos esses Anjos quando algum desastre ou tragédia aconteceu em sua vida. Já me perguntei isso em alguns momentos difíceis, quando meus Anjos pareciam ter cochilado ou então me abandonado.

A resposta me traz de volta a Francine e sua advertência constante: "O que você aprendeu nos momentos em que tudo foi fácil?" Escolhemos esta vida, escrevemos nossos projetos, e parte deles envolve enfrentar a negatividade e superá-la para aumentar a sabedoria do nosso espírito. Os Anjos sabem melhor do que nós que às vezes a ajuda mais amorosa que podem oferecer é dar um passo atrás e nos deixar aprender – e que vamos compreender tudo quando estivermos de volta ao Lar do Outro Lado.

Entes queridos que já partiram

Com raras exceções, todas as pessoas que você amou e perdeu estão vivas, bem e felizes do Outro Lado – e visitam você com freqüência. De fato, certa noite, enquanto eu e Lindsay estávamos trabalhando neste capítulo, o pai dela, morto por um motorista bêbado há 20 anos, apareceu sem avisar. Ele se plantou atrás dela e pediu a minha atenção, segurando os dois últimos dedos da mão direita com a esquerda e acenando para mim com esse gesto estranho até que eu dissesse a ela: "Seu pai está aqui. O que aconteceu com os dois últimos dedos da mão direita dele?" Ela tentou visualizar as mãos dele mas não conseguiu – fazia muito tempo. Ele me contou e eu repeti: "Ah, eles foram quebrados, e seu pai não conseguia esticá-los." No dia seguinte ela ligou para a mãe e perguntou, sem explicar por quê: "Mãe, por acaso você lembra de alguma coisa estranha com os dois últimos dedos da mão direita do papai?" A mãe pensou e respondeu: "Não. Eu me lembro que ele os quebrou e, como não foram colocados no lugar direito, ele não conseguia esticá-los." Como isso aconteceu na noite anterior ao Dia dos Pais, temos certeza de que ele veio lembrar a Lindsay que passaria o dia com ela.

Embora não o estivéssemos esperando, ele nos deu um bom exemplo de uma típica visita de um ente querido vindo do Outro Lado:

1. Eles ficam ansiosos para deixar bem claro quem são. Para isso indicam qualquer coisa, uma característica física exclusiva, um tique, a maneira como morreram, um apelido, um objeto específico, um acontecimento marcante – qualquer coisa que seja necessária para confirmar sua identidade, para o seu bem.

2. Eles são oportunistas. Quando você está pensando neles, ou simplesmente está em um estado mental receptivo, eles aproveitam a chance para visitá-lo. Por exemplo, Lindsay e eu estávamos falando do Outro Lado quando o pai dela apareceu.

3. Todos eles vêm com o mesmo propósito básico em mente: querem que saibamos que estão bem, estão conosco, e não apenas não estão mortos como estão mais vivos do que nunca.

Às vezes há um prazo antes que seu ente querido possa começar a visitá-lo. Isso talvez aconteça após uma morte traumática ou quando seu ente querido simplesmente não quer partir. Meu pai, por exemplo, não queria me deixar e desejava muito ver sua bisneta crescer. Só foi aparecer oito meses depois da sua morte.

Alguns espíritos relutantes ou liberados repentinamente fazem lindamente a transição para o Outro Lado. Outros, após passarem a salvo pelo túnel de luz que sinaliza a travessia para a outra dimensão, têm um período de ajustamento mais difícil. As entidades do Outro Lado estão preparadas para ajudar. Alguns espíritos são guiados através de uma série de estudos e atividades de orientação, principalmente atividades que achavam relaxantes e agradáveis na Terra, como pescaria e jardinagem, ir ao balé ou à ópera, caminhar, nadar, ler, pintar, esculpir, etc. Outros, como meu pai, são postos em um sono profundo de limpeza e protegidos até que o espírito tenha atravessado dormindo a retirada da dimensão que acabou de deixar.

Admito que, mesmo sabendo que há uma felicidade insuperável esperando por nós quando esta vida acabar, eu sofro quando morre alguém que amo – não por eles, mas por mim. Acredito que qualquer coisa que nos ajude no processo de luto é legítima e deve ser respeitada. Se visitar um túmulo lhe traz conforto, então faça isso, mas não por causa dos entes queridos que você perdeu. Eles não estão lá. Eles provavelmente irão ao cemitério e voltarão para casa com você.

Uma fonte de dor comum entre meus clientes é o arrependimento sobre questões emocionais não-resolvidas quando um ente querido morre: "Nossa última conversa foi uma briga...", "Nunca cheguei a pedir desculpas a ela...", "Tenho medo que ele não soubesse o quanto eu o amava...", "Não cheguei a dizer adeus...". As palavras variam, mas o sentimento de remorso é o mesmo – e desnecessário. Não esqueça, do Outro Lado se sabe de tudo, não existe negatividade naquela dimensão e não existem coisas por terminar nos projetos que seu ente querido compôs pessoalmente antes de nascer. Mas, se isso acalma seu coração e o ajuda a se curar, diga a ele agora qualquer coisa que acha que ficou por terminar – ele vai ouvir.

Enquanto estiver falando com os entes queridos, lembre-se de incluir os animais de estimação. Os animais do Outro Lado nos protegem de lá com a mesma lealdade que nos dedicaram durante suas vidas.

Nossos entes queridos podem voltar para nos visitar com mais facilidade que nossos Guias Espirituais, simplesmente porque estiveram em nossa dimensão há menos tempo e têm um acesso mais direto à experiência de fazer a transição entre aqui e o Outro Lado.

Acho bom avisá-los que na maioria das vezes seus entes queridos vão aparecer com a idade que tinham quando você os viu pela última vez, para ajudar você a identificá-los. Não importa se eles já se foram há muitos anos, eles jamais irão esquecê-lo.

"Esquecer" é uma coisa impossível do Outro Lado. Espíritos transcendentes têm acesso imediato a todas as memórias de cada vida, cada experiência e cada pessoa que amaram nesta Terra. De fato, não é incomum sermos visitados por entes queridos de vidas passadas de quem nem mesmo nos lembramos conscientemente. Como o tempo não significa nada lá, as décadas que podem ter passado desde que dissemos adeus para eles foram apenas alguns segundos atrás.

Também não é provável que um ente querido não possa mais aparecer porque já voltou para outra vida. Há circunstâncias, porém, em que os espíritos voltam direto para o útero após a morte. Mas para a maioria de nós, se escolhermos voltar para outra encarnação, damos uma média de 100 anos de "intervalo" entre as vidas.

Uma visita ao Outro Lado

Há um exercício simples e fascinante capaz de abrir caminho para alguns maravilhosos encontros com o Outro Lado, sempre que você quiser, e que só leva alguns minutos para realizar. Você pode pedir para encontrar seu Guia Espiritual ou um ente querido que se foi – mas, repito, por favor, receba bem quem quer que apareça.

Com a mente clara, relaxada e aberta, sente-se confortavelmente, o mais longe que puder de distrações e interrupções, e feche os olhos.

Você está se aproximando de um par de enormes e brilhantes portões dourados, os mais lindos que você já viu. No centro de cada portão há uma grande maçaneta. O metal polido e macio parece frio ao toque quando você segura as maçanetas e abre com facilidade os pesados portões.

Lá dentro, você encontra uma sala oval. O ambiente é sereno e acolhedor. Você sente uma grande leveza e segurança inalando profundamente o ar limpo e fresco enquanto desce os três degraus que levam ao vasto aposento.

O piso é de madeira, com macios tapetes brancos que acariciam seus pés descalços enquanto você anda devagar por eles. O fogo aceso em uma lareira de pedra cinzenta aquece a sala. Uma janela em arco sobe até o teto, e a brisa do oceano que entra por ela agita muito suavemente as finas cortinas de seda. Há um piano de cauda branco junto à janela, refletindo a luz do pôr-do-sol. As velas brilham ao seu redor. Você percebe um leve aroma de jasmim.

Duas cadeiras esperam lado a lado, idênticas, forradas de um rico brocado branco, com pernas de madeira curva.

Você se acomoda na cadeira da esquerda, deixando vazia a cadeira à sua direita. Sua respiração fica mais lenta. Sentado na cadeira confortável, você olha em volta nessa sala oval e é calmamente preenchido pelo conhecimento de que nunca se sentiu tão em paz, saudável, vivo e feliz.

Você pede a Deus para cercá-lo com a luz branca do Espírito Santo e imediatamente sente o calor desse amor todo-poderoso e incondicional espalhar-se sobre você e por você, até que a luz se torna parte do seu ser. Você conhece a profunda alegria de ser amado.

Na quietude à sua direita você percebe movimento e se vira para lá.

Uma figura se adianta e senta-se na cadeira vazia ao seu lado. Você não tem medo, sabendo que nenhum mal ou escuridão irá se aproximar da luz divina que o protege.

A figura espera, paciente, imóvel e aberta. Você é abençoado pela presença dela.

Finalmente, suavemente, você fala...

Às vezes a figura será alguém que você reconhece, um amigo ou um parente querido já falecido. Fale com ele. Divida seu coração com ele. Mas não se esqueça de ouvir também. Mesmo que tudo o que ele tenha a dizer seja "Estou aqui e amo você". É maravilhoso ouvir isso de alguém que você tinha tanto medo de nunca mais reencontrar.

Se não for alguém que você reconhece, pergunte o nome dele. Se não lhe disser logo, não tem importância. Continue conversando, fazendo perguntas e prestando atenção. Ao contar por que veio ou o que tem a dizer, mais cedo ou mais tarde ele pode revelar seu nome. Talvez seja um ancestral, seu Guia Espiritual ou alguém com uma mensagem de um ente querido. Quem quer que seja, acolha-o!

Se você quiser desenvolver mais esse exercício, faça um amigo se sentar perto de você enquanto o realiza. Depois, escreva uma descrição detalhada da figura que veio visitá-lo, dobre o papel ao meio para que seu amigo não possa vê-la e peça-lhe que descreva a figura para você. Vai ficar espantado com a quantidade de vezes em que a descrição dele vai combinar com a sua, seja ele médium ou não.

Repito, nunca estamos sozinhos. Existem provas da ajuda do Outro Lado ao nosso redor e provas da vida eterna dos nossos espíritos. Tudo o que temos que fazer é aprender a reconhecê-las quando as vemos. E, se este livro tem algum propósito, é apenas este.

2

Magia e milagres de todos os dias: descobrindo e criando alegria em sua vida

Vivemos cercados de magia e milagres todos os dias e temos o poder de criá-los. Se há algum tempo você não pensa nisso ou deixou de acreditar que existem, anime-se. Eles não acabaram, nós é que os perdemos temporariamente de vista. Como a magia e os milagres trazem alegria, esperança e um senso de excitação a nossas vidas, precisamos começar a retomá-los.

Fomos afastados da magia e dos milagres, em parte, por um simples processo da natureza humana – quando vemos as mesmas coisas com muita freqüência, esquecemos o quanto elas são especiais. Se um unicórnio aparecesse no nosso quintal um belo dia à luz da manhã, nos sentiríamos abençoados. Se uma manada de unicórnios aparecesse no quintal todas as manhãs com a precisão de um relógio, provavelmente chamaríamos a carrocinha para capturá-los e evitar que estragassem a grama.

Outra coisa que nos bloqueia é a emoção destrutiva da culpa. Eu diria que 18 em cada 20 clientes que recebo estão consumidos pela culpa, que assume uma força muito maior do que a magia e os milagres poderiam jamais exercer. Por isso precisamos enfrentar a culpa e nos livrar dela. Se você disse ou fez alguma coisa sabendo que poderia magoar outra pessoa, vá até ela, assuma a responsabilidade, peça desculpas e faça um esforço real para desfazer isso. (Não tem sentido dizer "Eu sinto muito" sem tomar nenhuma atitude que prove isso.) Se você fez ou disse alguma coisa que magoou alguém apesar de honestamente não ser essa a sua intenção, peça desculpas e então *esqueça!* Não me diga que não é tão simples assim. É muito simples se você estiver disposto a parar de cultivar a culpa como se ela exercesse algum tipo de papel positivo na sua vida e passar a reconhecê-la como o desperdício de energia e o inimigo do espírito que ela é.

Cada vez que uma voz negativa na minha cabeça começa a desfiar o rosário de "Eu deveria/eu poderia", eu me detenho e faço a voz positiva na minha mente interrompê-la com um sonoro "Pare!". Este método é simples, mas funciona. Prometa a si mesmo que durante a próxima semana você vai declarar guerra à culpa. Procure reparar qualquer sofrimento não-intencional que tenha causado. Grite silenciosamente "Pare!" no instante em que qualquer sofrimento não-intencional pelo qual esteja se culpando cruzar a sua mente, até ficar tão cansado de gritar consigo mesmo que não vai mais deixar que esses pensamentos de culpa se aproximem.

Depois você pode canalizar toda a energia que estava desperdiçando com a culpa para um elemento essencial à maximização das chances de magia e milagres diários – aprender a se amar.

Provavelmente você aprendeu desde criança que amar a si mesmo é errado, egoísta e censurável, e que você deveria se envergonhar só de pensar em uma coisa dessas. Mas eu lhe afirmo: ter amor-próprio não significa considerar-se superior a todas as outras pessoas. *Isso,* sim, é ser egoísta e presunçoso. Ter amor-próprio significa tratar bem a si mesmo e com o maior respeito. Cercar-se de pessoas que o tratem bem e o respeitem. Viver sua vida de acordo com os conselhos que daria a seu filho ou a seu melhor amigo.

O jeito mais rápido que encontrei para redescobrir meu amor-próprio é fazer uma lista das coisas que eu não sou. Por exemplo, eu *não sou* desonesta, *não sou* mesquinha, *não sou* covarde, *não sou* irresponsável, *não sou* insignificante, etc. Saber o que você não é ajuda a definir o que você é e também dá uma idéia das qualidades que gostaria de trabalhar para fazer crescer a lista do "não sou" e ao mesmo tempo aumentar a lista do "eu sou".

Também precisamos ficar atentos a uma coisa que chamo de "determinismo". Trata-se de supostas "afirmações" sobre nós mesmos, normalmente ditas pelos adultos quando somos crianças, que nos limitam e, se não tivermos cuidado, irão predeterminar de forma injusta quem nós somos, como:

- Claro que você é gordo – isso é de família.
- Você nunca foi bom para lidar com dinheiro.

- O seu casamento é infeliz? Não reclame. Você tem sorte de ter encontrado alguém.
- Você não é bonita, mas tem personalidade.

Tudo isso é bobagem. *Você* determina quem é. *Você* decide o que pode e o que não pode fazer, o que fica bem em você e o que não fica, onde quer ou não morar, quais são suas prioridades, no que acredita e quais são os seus limites reais.

AFIRMAÇÕES

Uma das maneiras mais importantes para eliminar a insegurança e estabelecer o amor-próprio como um hábito é o uso de afirmações, que são a simples expressão em palavras do que sinceramente queremos. Ao repetir muitas vezes essas palavras fazemos com que o subconsciente as aceite como um fato e começamos a nos comportar de acordo. Através das afirmações podemos nos pensar mais saudáveis, mais fortes, mais positivos, mais bonitos, mais atraentes, mais bondosos, mais pacientes, mais confiantes, mais corajosos – qualquer coisa que ajude a aumentar nosso amor-próprio. Você vai encontrar algumas das minhas afirmações preferidas em um apêndice no final deste livro. Mas, por favor, não hesite em criar as suas próprias.

Se você está querendo saber como criá-las, pense nas afirmações negativas que ouviu durante toda a sua vida e aceitou como verdade. Bom, você pode aprender a acreditar no exato oposto se ouvir com a mesma freqüência. Assim como é possível descobrir quem você é descobrindo quem você *não* é, suas primeiras afirmações podem ser um contra-ataque a toda e qualquer coisa negativa sobre a sua auto-imagem, não importa de onde isso tenha vindo ou ainda venha.

Comece por *você*. *Nunca* se ponha para baixo, mesmo de brincadeira. Chega de "Eu sou idiota", "Eu sou gordo", "Eu sou desajeitado", ou "feio", ou "baixo demais", ou "alto demais", ou qualquer forma de "eu não sou capaz". Você vai substituir isso 100 vezes ao dia por "Eu sou muito inteligente para muitas coisas", "Eu sou simpático", "Sou atraente" e, especialmente, *"Eu posso!"*.

Quanto às pessoas ao seu redor, aquelas que diminuem você ou sabotam seu amor-próprio também estão proibidas. Palavras e atitudes ofensivas são inaceitáveis. Estar perto de uma pessoa que não o faça se sentir bem consigo mesmo causa um dano psíquico muito maior do que você pode perceber. Não se esqueça, estamos todos aqui para aprender a superar a negatividade – e não para aceitá-la, acolhê-la.

Lembra aquele "Pare!" brusco que eu grito para mim mesma quando começo a cair na armadilha da culpa? É esse "Pare!" que eu quero que você diga para si mesmo toda vez que alguém o insultar. E não fique se defendendo, discutindo a ofensa. Acrescente "Isso é ridículo", silenciosamente ou em voz alta, e se afaste.

Crie o hábito de neutralizar instantaneamente cada insulto que alguém lhe dirigir, repetindo uma afirmação muitas vezes, até ter mais certeza sobre a sua própria afirmação do que sobre qualquer coisa negativa a seu respeito. Tente substituir os insultos e a negatividade por afirmações durante três breves meses e vai se surpreender com a abertura que isso vai criar para a magia e os milagres.

Existe uma razão lógica para as afirmações funcionarem: elas são comunicações diretas com a mente da alma, e, com seu eterno conhecimento e sabedoria, ela *sempre reconhece a verdade.*

Cartas para o Universo

Uma forma eficiente de reforçar suas afirmações e seus mais profundos desejos é escrevê-los em forma de cartas para o Universo. Dirija-as a Deus, ao Universo, ao seu Guia Espiritual, aos seus Anjos – qualquer um que faça você se sentir mais intimamente conectado ao seu próprio poder divino. Inclua muitas afirmações nas cartas para lembrar como você merece receber as maiores bênçãos que a vida tem a oferecer. Não é preciso lembrar isso a Deus, que já sabe quanto você vale. Ele só está esperando *você* perceber isso. Depois escreva, sendo bem específico, tudo o que realmente quer. Certifique-se de que as cartas incluem desejos físicos, emocionais e espirituais, porque a vida mais recompensadora tem um equilíbrio dessas três coisas. Enquanto escreve, comprometa-se a investir uma parcela justa de esforço no sentido de realizar esses desejos. Deus de fato ajuda a quem se ajuda.

Quando acabar, ponha uma cópia da carta em um lugar seguro e escondido e queime o original para acrescentar a poderosa energia do fogo à energia da sua carta. Quanto à cópia, deixe-a escondida por seis meses e depois a releia. No mínimo, você vai encontrar algumas surpresas, incluindo a probabilidade de que sua próxima carta contenha diversas mudanças. Mas você também pode descobrir que, nesses meses que passaram, você e o Universo se uniram para criar algumas magias e alguns milagres.

A energia do fogo, aliás, é uma das razões que me fazem amar as velas. Eu recomendo que você tenha muitas delas ao seu redor e as use com freqüência, especialmente enquanto realiza as afirmações e as cartas para o Universo. O mundo espiritual não enxerga luzes artificiais, mas os espíritos *podem* ver as velas acesas e são atraídos para elas.

Um dos meus rituais favoritos, e um dos mais poderosos, é sentar no chão no meio de um círculo ou uma cruz de velas – uma nos meus pés, outra atrás de mim, uma à direita, outra à esquerda – e entrar em um estado completamente relaxado ou meditativo. Imagino a luz branca do Espírito Santo iluminando meu plexo solar (na altura do estômago, bem abaixo do esterno) e brilhando através de mim até o círculo de luz ao meu redor, deixando o Espírito Santo consumir o meu corpo para limpar, curar e destruir qualquer negatividade. Transforme este exercício em um hábito, praticando-o no início de cada semana, e eu prometo que, com a prática, vai sentir uma onda de força que o deixará renovado, energizado e às vezes literalmente curado.

Criando milagres

Todos temos de fato o poder de curar.

Mas, antes, algumas palavras de aviso. Por favor, não acredite nunca que a doença ou a morte são uma forma de punição de Deus, ou que não poder curar a si mesmo ou a um ente querido representa algum tipo de fracasso. Deus nunca nos castiga. A doença e a morte estão incluídas no projeto de vida. Como você vai descobrir ao tratarmos dos projetos mais adiante, nós podemos escolher modificar ou não a doença e a morte que planejamos à medida que avançamos e, além disso, também temos à nossa escolha cinco "pontos de saída" ou chances de deixar a Terra. Existe um propósito superior às decisões que tomamos quando definimos nossos projetos e quando agimos de acordo com eles. Nós não podemos compreendê-lo agora, mas o compreenderemos mais tarde e vamos compreender de novo assim que estivermos de volta ao Lar do Outro Lado.

Uma combinação de três elementos – oração, fé e afirmação – pode criar um milagre, juntamente com a vontade de quem desejamos que receba esse milagre. Vou lhes contar um caso.

Eu tinha 43 anos quando cheguei ao meu terceiro ponto de saída, após uma cirurgia grave. Descrevo isso como uma experiência de quase-morte, mas fisiologicamente eu cheguei a morrer – meu coração parou, minha temperatura começou a cair e todos os aparelhos pararam. Mas havia orações sendo ditas ao meu redor e sempre tive muita fé. Lembro com nitidez de estar em um túnel, seguindo direto para a linda luz branca de Deus, quando a voz de uma mulher ao lado da minha cama de hospital penetrou em meu espírito: "Sylvia, por favor, você não pode partir, você é tão necessária."

Uma afirmação. Por mais que eu quisesse continuar seguindo na direção da luz, sabia que a voz tinha razão. Eu voltei no instante em que tomei essa decisão. Meu médico, o Dr. Jonathan Kelly, confirmou mais tarde que minha resposta fisiológica ao "você é tão necessária" foi imediata. Meu coração começou a bater, os monitores recomeçaram a apitar e minha temperatura corporal se elevou até voltar ao normal.

Invista sua energia na oração, na fé e na afirmação que podem criar milagres para seus entes queridos. Lembre-se apenas, mais uma vez, de que não existe fracasso. Você tem o poder de interferir.

DÉJÀ-VU

Vamos falar então dos milagres mais comuns? Assim que deixarmos de atordoar nossas mentes com a culpa e o determinismo e os substituirmos pelo amor-próprio e o poder das afirmações e da fé, nossos olhos e nossos corações estarão mais abertos do que nunca à magia do mundo que nos cerca. Fenômenos inexplicáveis são tão comuns que perdemos a noção do quanto eles são especiais, ou talvez nunca tenhamos compreendido o que eram. Por exemplo, a maioria de nós tem experiências de *déjà-vu* de tempos em tempos. Se pensarmos nessas experiências apenas como uma agradável distração momentânea, elas não parecem nada mágicas. Mas, se as reconhecemos pelo que são – um vislumbre do Outro Lado –, elas assumem um significado inteiramente novo.

Vou lhes explicar o que é o *déjà-vu*. Existem dois tipos: o primeiro ocorre quando você visita uma determinada casa, cidade, estrada, país estrangeiro ou outro lugar específico pela primeira vez e de repente percebe que ele lhe parece familiar. A memória espiritual costuma estar profundamente enterrada no subconsciente, por isso esses momentos nos quais ela emerge em nossas mentes conscientes são mais do que mágicos: são poderosos e milagrosos vislumbres de outras vidas.

O mesmo tipo de *déjà-vu* também se aplica às pessoas. Todos já conhecemos alguém que nos pareceu familiar no momento em que o encontramos. Mas aposto que, se você der uma boa olhada em cada pessoa que de alguma maneira tocou sua vida e fizer a si mesmo a pergunta simples "Eu conheci esta pessoa antes?", vai ficar surpreso com a facilidade com que pode responder sim ou não. Você não tem que fazer nada a respeito desse sentimento de familiaridade, apenas perceber quando ele acontece e reconhecê-lo como outra janela para a sua eternidade.

O segundo tipo de *déjà-vu* é tão comum, sutil e trivial que raramente dedicamos a ele mais do que um breve pensamento. Consiste de um momento no qual cada detalhe do que você está fazendo, com quem, onde, o que você está vestindo, pensando e sentindo, tudo parece tão familiar que você tem certeza absoluta de que está revivendo uma duplicata exata de um momento do passado. Nunca dura mais do que alguns segundos e nunca é um acontecimento importante. É mais como "Eu já vivi isso antes". Invariavelmente o efeito já passou no momento em que o percebemos. Não surpreende, portanto, que não possamos perceber o quanto esses momentos de *déjà-vu* são de fato espantosos. Para compreendê-los com clareza, precisamos entender melhor nossos projetos.

Como já dissemos, antes que nosso espírito volte ao útero para mais uma vida, compomos um mapa ou projeto para a vida que estamos prestes a empreender. Esse projeto contém todos os lances principais da nova vida, embora possamos modificar nossos mapas ao longo dela. Se o seu mapa diz que aos 32 anos você sofrerá um acidente de carro, por exemplo, você pode modificar isso colidindo com uma cerca em vez de ter uma colisão fatal. Se aos 15 anos o seu mapa afirma claramente "doença", você tem o poder de controlar para ser tanto um resfriado quanto uma pneumonia. Portanto, não imagine sua vida planejada como um caminho estreito com poucas opções. Em vez disso, ela é uma estrada tão larga e cheia de possibilidades quanto você pode imaginar.

Também colocamos em nossos mapas algumas placas de sinalização para nos mostrar que estamos no caminho certo, de acordo com nossos projetos. De tempos em tempos essas pequenas placas surgem para nós na forma de *déjà-vu*. Como elas nos atingem com tamanha e repentina sensação de familiaridade, logicamente supomos que devemos estar de alguma forma duplicando um momento já vivido nesta vida. Não estamos. O que estamos experimentando é uma plaquinha de sinalização do projeto que criamos do Outro Lado antes de nascermos. Neste tipo de *déjà-vu*, nosso espírito está ressoando tão profundamente com a percepção de que "eu me lembro do projeto que escrevi" que isso ecoa do subconsciente, onde está a mente espiritual, até nossa mente consciente. Nesse breve instante, tanto o subconsciente quanto a mente consciente estão recebendo uma afirmação de que estamos em perfeita sincronia com nosso projeto.

Coincidência

Os mesmos vislumbres mágicos, milagrosos e jubilosos das placas de sinalização em nossos mapas também aparecem de outra forma muito comum, com o bônus adicional de que não apenas nos lembramos deles, mas os vemos se aproximando. Como não entendemos sua importância, raramente paramos para pensar neles – afinal, eles são "só coincidências".

Você esteve pensando, sem nenhum motivo aparente, em alguém que não vê há muito tempo e de repente esbarra nessa pessoa. Você ouve falar de um livro e subitamente parece que todo mundo à sua volta só fala nisso. Você está planejando uma viagem à Inglaterra e de repente começa quase a tropeçar em notícias sobre a Inglaterra, menções casuais à Inglaterra, pessoas que acabaram de voltar de lá.

De qualquer maneira, você já viveu coincidências suficientes para saber como funcionam. Quando ocorre uma coincidência, você está antevendo uma plaquinha de sinalização do seu projeto – mais um motivo para mostrar que você está seguindo o caminho que mapeou para esta vida, além de ser um laço tangível entre você e a eternidade divina que Deus nos deu a todos.

Sincronicidade

Existe um parente próximo e fascinante da coincidência, chamado sincronicidade, uma palavra popularizada pelo brilhante psiquiatra suíço Carl Jung. Ele estava um dia em seu consultório com um paciente conversando sobre o Egito quando um besouro conhecido como escaravelho egípcio atravessou sua mesa. "Coincidência" era um eufemismo excessivo para o aparecimento de um besouro egípcio a milhares de quilômetros do seu ambiente natural, no momento exato em que Jung estava falando sobre o Egito. Foi um sinal claro para ele da verdade de que o Universo criado por Deus não é aleatório nem caótico, e sim ordenado, perfeito e padronizado – ou, em uma única palavra, sincronizado. Assim, Jung cunhou o termo "sincronicidade". Basicamente, a sincronicidade é uma coincidência especialmente significativa. Como o escaravelho egípcio de Jung, ela sempre envolve algum tipo de sinal físico inconfundível, não apenas para chamar a nossa atenção para a harmonia mágica do Universo como também para lhe dar provas tangíveis de que você está *exatamente* onde se projetou, no momento *exato*, com a pessoa *exata*. Deus, que foi co-autor do seu projeto, está lhe dando um sinal visível de aprovação. A verdadeira sincronicidade não costuma acontecer com tanta freqüência em nossas vidas quanto as coincidências. Mas estar atento a ela e reconhecê-la quando acontece significa não perder um sorriso particular entre você e Deus.

SONHOS

Ao fim do dia, dormimos. Na verdade, passamos quase um terço de nossas vidas dormindo, o que é uma parte brilhante do plano de Deus, já que o sono abre todo um outro mundo para nutrir, informar e expandir nossas almas. Durante o sono, obviamente, nossas mentes conscientes descansam e permitem que nossos subconscientes, onde vivem nossas mentes espirituais, assumam o controle. É claro que uma das formas primárias de expressão do subconsciente são os sonhos.

Existem centenas de teorias sobre a interpretação dos sonhos e milhares de estudos já foram feitos, mas ninguém ainda resolveu nem mesmo uma fração dos mistérios escondidos nos sonhos. Eu já li, estudei, pesquisei e ensinei a interpretação dos sonhos. Acredito que a teoria gestáltica (a Gestalt é uma abordagem da psicologia desenvolvida na Alemanha) é a que se aproxima mais da verdade. De acordo com essa teoria, todos os elementos dos seus sonhos são parte de você, separadas em partes simbólicas para você examinar e trabalhar.

Os sonhos se enquadram em três categorias: escape, desejo e precognição.

Os sonhos de escape são o seu subconsciente liberando todas as emoções que sua mente consciente não enfrentou e expressou. Quando você tem um sonho que envolve uma emoção específica muito forte – raiva, dor, paixão, medo, confusão, embaraço, etc. – é quase certo que seja um sinal do seu subconsciente de que está na hora de enfrentar e resolver essa emoção quando você estiver acordado. Sonhos de escape são uma grande válvula de segurança e também podem ser um guia útil para algum importante assunto não-resolvido que demande atenção.

Os sonhos de desejo são exatamente o que parecem ser. Se não cometermos o erro de levá-los muito ao pé da letra, eles são capazes de iluminar de forma preciosa desejos que você pode nem ter formulado em palavras para si mesmo. Sonhos sexuais, por exemplo, não são necessariamente sobre desejo sexual ou sobre alguma atração pelo parceiro do sonho. Normalmente representam um desejo de viver uma intimidade que não tem nem mesmo que ser física. Sonhar com uma casa nova não quer dizer que você deva pôr sua casa à venda. Pode significar que há alguma coisa com relação a *você* mesmo que deseja mudar. Sonhar com um parto certamente não é uma deixa para ficar grávida. A "nova vida" que você está dando à luz poderia ser a sua, ou alguma boa idéia que você está prestes a fazer frutificar, ou alguma nova dimensão espiritual que você está começando a desenterrar. Em outras palavras, sempre veja o panorama geral e não os detalhes dos sonhos de desejo. Você vai se surpreender com o quanto pode aprender sobre si mesmo e o que você *realmente* deseja.

O terceiro tipo, sonhos de precognição, significa simplesmente sonhos que predizem algum momento, alguma conversa ou algum evento no futuro. Já perdi a conta do número de clientes que me disseram: "Não posso prever o futuro nos meus sonhos – não sou médium." Mas não é preciso ser médium para que a mente espiritual no seu subconsciente revele seu espantoso poder e sua sempre presente consciência do seu passado (incluindo suas vidas anteriores), seu presente e seu futuro. Não se esqueça, sua mente espiritual não apenas conhece seu projeto de vida: ela *criou* esse projeto. Por isso nunca subestime o que é capaz de fazer enquanto está dormindo. De fato, antes de afirmar que você não é capaz de ter sonhos de precognição, tente fazer o seguinte durante apenas um mês: toda vez que você tiver um sonho que considerar como algum tipo de previsão e se lembrar dele, anote-o, guarde o papel e não torne a olhá-lo durante um mês. Se você fizer disso um hábito e tiver paciência, há algumas surpresas mágicas reservadas para você.

Viagem astral

Você já teve um sonho com um ente querido falecido que dava a impressão de ser muito real, muito presente e, ao contrário da maioria dos sonhos, parecia ocorrer em uma ordem lógica do início ao fim? Existe uma boa chance de que não tenha sido um sonho. Era o seu espírito fazendo uma visita real àquele ente querido via viagem astral.

As viagens astrais acontecem quando o espírito deixa o corpo durante o sono ou a meditação muito profunda e faz excursões por conta própria. Você pode pedir a Deus, antes de ir dormir, que o ajude a fazer uma viagem assim. Através dela, você pode desde encontrar entes queridos falecidos até visitar pessoas e lugares de que sente falta aqui na Terra. As pessoas que você visita aqui na Terra podem não ver você, mas não é raro que possam ouvi-lo. Tenho muitos clientes e amigos que já foram acordados de um sonho com um ente querido repetindo sem parar seus nomes. Se isso acontecer com você, ligue para essa pessoa e pergunte. É provável que descubra que, na hora em que foi acordado, ela estava pensando intensamente em você ou então também estava adormecida e "sonhando" com você. De um jeito ou de outro, o espírito dela fez contato com o seu através da magia tranqüila da viagem astral.

Uma boa forma de monitorar essas viagens é manter um gravador ligado enquanto dorme. Sou hipnotizadora registrada há 25 anos e descobri que a hipnose é uma ferramenta valiosa não apenas para pesquisas sobre regressões a outras vidas, mas também para ter acesso à mente subconsciente, onde as pessoas podem reter e bloquear informações capazes de ajudá-las. O sono e a hipnose estão intimamente relacionados, é claro, porque o subconsciente fica muito acessível durante ambos. Portanto, a idéia do gravador se aplica muito bem às duas situações. Em alguns casos, é possível até ouvir na gravação a voz do espírito que estava por perto no momento.

Eu poderia ficar horas contando minhas experiências com vozes espirituais que gravei em fitas, e é por isso que recomendo enfaticamente que você deixe um gravador ligado enquanto dorme. Este é o momento em que é mais provável que os espíritos venham visitar a mente espiritual do seu subconsciente e que ela vá visitá-los.

Para aumentar as chances de que alguma coisa milagrosa seja captada na gravação, peça a Deus exatamente o que você quer, com a ajuda do seu Guia Espiritual. Seja fazer uma viagem astral até algum lugar ou a alguém na Terra ou no Outro Lado, ou que um ente querido já falecido venha até você e deixe um sinal de sua presença para que você possa ouvir. Se nada acontecer na primeira noite, ou na trigésima, não quer dizer que nunca vá funcionar. Quanto a ouvir as fitas, é óbvio que você tem muito mais o que fazer do que simplesmente sentar e escutar horas de silêncio. Ouço as minhas enquanto estou dirigindo, fazendo trabalhos domésticos, lendo e/ou mergulhada em uma banheira quente. É fascinante como, quando sua mente está "sintonizada", mesmo que você esteja ocupado com alguma outra coisa, vai perceber na fita o mais ínfimo ruído gravado que não pareça adequado.

O importante em relação às sugestões deste capítulo é estar aberto e acessível à magia e aos milagres, criando o máximo possível de oportunidades para que eles ocorram, e então tomar consciência do que seu espírito já sabe – que a magia e os milagres são tão reais quanto nós mesmos.

Desenvolvendo sua habilidade mediúnica

Todos esses exercícios podem ser aprimorados com alguma prática regular de desenvolvimento de sua habilidade mediúnica, que é uma coisa menos misteriosa e fora de alcance do que você imagina. Nem todo mundo pode ser médium, mas todos temos instintos mediúnicos. É a mesma diferença que há entre ser um concertista e simplesmente saber tocar piano.

Para desenvolver a própria mediunidade, você deve seguir três passos:

1. Faça uma pergunta, silenciosamente ou em voz alta.

2. Fale de coração, com suas próprias palavras, para seu próprio Poder Superior, pedindo que Ele lhe responda. Desta forma você se abre para receber uma Sabedoria muitíssimo maior do que a sua.

3. Disponha-se a aceitar a primeira resposta que receber.

Esta é a forma mais simples de desenvolver sua intuição mediúnica. Mesmo após 47 anos de consultas, eu admito que ainda me surpreendo com a dificuldade do terceiro passo. Por isso, não desanime se perceber que está parecendo muito difícil.

Dominar o segundo passo é obviamente a chave para se tornar confiante quanto ao terceiro. Mas, depois de praticar e adquirir a certeza de que a informação que recebe está vindo de Deus, e não de você mesmo, realmente não lhe cabe pretender que aquilo faça sentido. Apenas respire fundo, reúna coragem e fale.

Sinergia

Quando o seu poder une forças com o poder de outros para um bem maior, você cria um fenômeno chamado sinergia, que é uma das maiores fontes de magia e milagres da Terra. Os dicionários definem "sinergia" como "a ação simultânea de órgãos separados que, juntos, têm um efeito total maior do que a soma dos efeitos individuais". Mas, se você substituir "órgãos" por "pessoas" e "efeito" por "poder", a definição serve muito melhor aos nossos propósitos: a ação simultânea de pessoas isoladas que, juntas, produzem um efeito total maior do que a soma de seus poderes individuais.

Digamos que 100 de nós nos juntemos em uma sala com algum propósito comum e, em uma escala de 1 a 10, cada um de nós tenha uma fé naquele propósito da ordem de 10. A matemática simples indicaria que a "fé total" naquela sala seria igual a mil. Mas graças à força da sinergia o total é na verdade 100 mil ou um milhão. A sinergia se alimenta de si mesma, com resultados que chegam a ser assombrosos, como acontece nas correntes de oração, por exemplo.

Mas não pense que a sinergia só funciona se tiver um propósito religioso. O bem maior tem inúmeras formas de expressão – as organizações de caridade ou de direitos das vítimas, das crianças e dos animais, e grupos como os Alcoólicos ou Narcóticos Anônimos. Cada um deles é muito maior do que a soma de suas partes e todos fazem acontecer milagres diariamente.

3

Sua vida pessoal: a visão de uma médium espiritual sobre relacionamentos e famílias

O assunto que surge com maior freqüência em minhas consultas, palestras e aparições na TV são os relacionamentos – com membros da família, amantes, cônjuges, amigos. Nada nos afeta tanto, nos confunde mais, nos traz mais alegria ou nos destrói de modo mais completo do que nossas ligações com as pessoas com quem dividimos a vida. Quando a irritação com o outro chega ao ponto de nos fazer pensar que os relacionamentos não valem os problemas que trazem, vamos a um funeral e percebemos que o que fica quando partimos é o amor que tivemos pelos outros.

Devo esclarecer logo de início que eu acredito inteiramente na regra de ouro de fazer aos outros o que queremos que nos façam, e tento viver de acordo com ela o máximo possível. Bastaria que todos seguissem esse simples e perfeito fragmento de sabedoria, como fazemos quando estamos no Outro Lado, para resolver para sempre todos os problemas de relacionamento. No entanto, se a vida na Terra fosse assim tão simples e perfeita, nenhum de nós se daria ao trabalho de deixar o Outro Lado e vir até aqui. Todos temos projetos a seguir, erros a cometer e conhecimento a ganhar, e a parte mais difícil é fazer com que as pessoas com quem nos relacionamos cresçam e sejam mais felizes por nos terem conhecido, sem nos sacrificarmos no processo.

Almas gêmeas e almas irmãs

Muita gente pensa que um dos nossos principais propósitos na vida é encontrar a alma gêmea. Não é.

As chances de isso nunca acontecer são enormes.

E, mesmo se não fossem, a alma gêmea que encontramos no curso desta vida não seria necessariamente um amante ou cônjuge.

Muitas pessoas parecem desiludidas quando eu anuncio que a alma gêmea é um mito, como se eu estivesse roubando seu conto de fadas preferido. Não é isso, acredite. Abandonar a idéia de que existe uma alma gêmea esperando em algum lugar e que cabe a nós encontrá-la pode ser absolutamente libertador, pois costumamos confundi-la com paixão, desejo, obsessão e violência doméstica.

Compreendermos o que é uma genuína alma gêmea pode ajudar.

Somos criados com espíritos que têm tanto aspectos masculinos quanto femininos. Na verdade, vivemos vidas como ambos os gêneros. Nunca encontrei ninguém que sempre tenha sido homem ou sempre tenha sido mulher em todas as encarnações.

Também somos criados com um espírito "gêmeo idêntico" cujos aspectos masculinos e femininos são essencialmente imagens refletidas dos nossos. Esse espírito é a nossa alma gêmea. A alma gêmea não é a outra metade de nós, nem nós somos a outra metade de nossa alma gêmea. Eu não me considero meia pessoa. E você? Não acho que exista alguma coisa de romântico na idéia de que somos todos um monte de metades andando por aí.

Do Outro Lado estamos mais próximos de nossas almas gêmeas do que de qualquer outro espírito. Nós e nossas almas gêmeas cultivamos amizades, interesses e estudos separados e, acima de tudo, nossas próprias identidades separadas. Com nossa alma gêmea desfrutamos do amor mais íntimo que existe – livre, incondicional e libertador, com um conhecimento mútuo que apenas espíritos gêmeos podem dividir.

Como todos os espíritos do Outro Lado, cada uma das almas gêmeas pode decidir nascer na Terra para outra vida. Elas podem vir até aqui apenas uma ou duas vezes, como Francine, ou podem sentir a necessidade de voltar muitas vezes. – tenho o prazer de anunciar que estou na minha 54ª. e última vida.

O que nos traz uma questão óbvia: quais são as chances de que você e sua alma gêmea venham a aparecer na Terra ao mesmo tempo? Por que vocês teriam necessidade disso, já que estão sempre juntos do Outro Lado, e esta experiência que chamamos de "vida" não é nada mais do que uma rápida viagem longe do Lar?

Sem mencionar a probabilidade mínima de que vocês dois estejam na Terra na mesma faixa geral de idade, dentro de uma proximidade geográfica suficiente para permitir que venham a se encontrar em algum momento e com o gênero certo para que os dois se tornem um casal, o que parece ser o ponto principal de todo esse mito da alma gêmea.

Por isso, por favor, dê a si mesmo (e a mim) um tempo e pare de procurar por uma alma gêmea que com certeza está muito feliz do Outro Lado neste momento, esperando que você volte. Não se exponha a toda essa pressão e desapontamento. Não se prenda a um mau relacionamento pela crença equivocada de que se trata da sua alma gêmea e vocês têm que ficar juntos, mesmo que isso o faça infeliz. Não desvalorize um relacionamento perfeitamente bom porque está sentindo falta daquele "sentimento de alma gêmea". Não acredite nem por um segundo que você esteja "destinado" a ficar com uma única pessoa neste planeta inteiro – que pensamento deprimente! E eu definitivamente não quero que você chegue aos últimos anos de sua vida pensando que fracassou porque nunca encontrou uma pessoa que nem mesmo estava aqui, mas com quem você vai ter um reencontro maravilhoso e tranqüilo se conseguir ter paciência por mais alguns "minutos" até estar de volta ao Lar.

O que você *vai* encontrar enquanto percorre esta vida é um número indeterminado de *almas irmãs* – espíritos que você conheceu em uma ou mais vidas passadas. Tenho certeza de que você já experimentou o sentimento instantâneo de reconhecimento, que pode ser bom ou mau, despertado pelo encontro com uma alma irmã. Algumas vezes essa familiaridade instantânea é o trampolim para mais uma experiência terrena conjunta, na condição de amigos, amantes, cônjuges ou membros da família.

Mas outras vezes esse sentimento deveria fazer você se afastar correndo o mais rápido que suas pernas agüentassem. Tenho uma cliente que se casou com um homem que ela estava certa de ter conhecido em uma vida passada. Ela tinha razão – em outra encarnação, ele foi o homem que a condenou à morte durante a caça às bruxas em Salém. Nesta vida, minha cliente ainda está tentando convencê-lo de que ela é uma boa pessoa, o que é verdade, e ele ainda garante que não e encontra uma maneira de reprovar tudo o que ela faz.

Isso nos traz ao assunto do carma, outra coisa que é mal interpretada e acaba fazendo as pessoas atravessarem uma enorme quantidade de sofrimento achando que isso é, afinal de contas, "o seu carma". Isso é ridículo. Por que a minha cliente, por exemplo, deve passar várias vidas sofrendo apenas para que esse homem venha a declarar que ela é aceitável? Não é assim que funciona!

Tudo o que o carma significa é um "equilíbrio da experiência". Quando você escreve seu projeto do Outro Lado, você sabe o que já trabalhou e aprendeu nas vidas passadas. Portanto, seu novo projeto será composto de acordo com o que você decidir que ainda precisa ser experimentado. Isso não lhe é imposto. É uma escolha sua, baseada em seus próprios objetivos para a vida que está prestes a enfrentar.

Por isso, quanto aos relacionamentos, não fique preso demais à questão do carma ou das almas gêmeas. Eu sei que à primeira vista a idéia de se reencontrar com alguém que você conheceu em outro tempo, outro lugar e outra vida pode parecer muito romântica. Mas lembre-se da minha cliente "bruxa de Salém", que permanece em um casamento infeliz. Mais do que isso. Pense em quantas pessoas você conhece nesta vida – mais próximas e mais distantes. Multiplique isso pelas vidas que já viveu. Se não tem certeza do número, sinta-se à vontade para usar o meu: 54. Acrescente os espíritos que conhece do Outro Lado mas que nunca encontrou aqui na Terra (provavelmente milhares, sem exagero). Não vai demorar para você perceber que não é nada espantoso deparar-se com espíritos conhecidos durante esta vida. Seria muito mais surpreendente não encontrar nenhum.

Reconhecer padrões de relacionamento – nesta vida ou em uma série de vidas – é uma das tarefas mais difíceis, esclarecedoras e libertadoras que podemos realizar. Requer objetividade e uma enorme honestidade consigo mesmo e, para falar a verdade, pode ser doloroso e constrangedor. Mas a recompensa é grande. Uma vez que descobrimos que os relacionamentos não são coisas determinadas apenas pelo acaso, e sim resultado dos nossos próprios padrões, podemos recuperar nosso poder e nossa capacidade de controle, lembrando que somos, na verdade, os autores de nossos projetos, e conseguir finalmente romper com esses padrões que estão nos prejudicando.

Todos conhecemos (e às vezes invejamos) pessoas cujos padrões de comportamento as conduzem para a felicidade, o sucesso, a paz de espírito e ótimos relacionamentos. É cômodo dizer que elas têm mais sorte do que nós. É mais correto afirmar que elas aceitaram a ligação entre o que fazem e o que conseguem e assumiram responsabilidade por qualquer melhoria que precise ser feita.

Se você por acaso não está feliz com a forma como seus relacionamentos estão andando – e eu não falo só de amantes e cônjuges, também me refiro a amizades –, está na hora de dar uma boa olhada nas pessoas ao seu redor e outra melhor ainda em você mesmo. Ninguém fica em nossas vidas sem a nossa concordância.

Você em geral se cerca de pessoas que:

- fazem você se sentir melhor ou pior?
- tendem a ser mais fortes ou mais fracas do que você?
- estão em melhor ou pior situação financeira do que você?
- têm mais ou menos instrução do que você?
- são mais inclinadas a dominar você ou a deixar que você as domine?
- têm tido mais ou menos sucesso nos relacionamentos?
- têm um currículo profissional melhor ou pior do que o seu?
- têm mais ou menos amigos do que você?
- dão mais ou menos valor do que você à honestidade, à integridade e ao compromisso?
- são mais próximas dos membros de suas famílias, ou mais afastadas?
- são mais ou menos espiritualizadas?

As respostas honestas a essas e outras questões podem ajudar a reconhecer os padrões que você possa estar repetindo nesta vida ou em outras. Assumir a responsabilidade por eles é o primeiro passo na direção de se libertar desses padrões de uma vez por todas e começar a substituí-los por outros realmente saudáveis e capazes de construir a sua felicidade.

Eu acredito muito na "entrevista", que consiste em fazer perguntas diretas o suficiente para descobrir o *caráter* da pessoa que você está convidando a entrar em sua vida. As questões feitas anteriormente são um bom começo e você pode acrescentar outras de acordo com suas prioridades. Preste bastante atenção às respostas e mais ainda ao fato de as respostas combinarem ou não com o comportamento da pessoa. Quando houver alguma diferença entre o que ela diz e o que ela faz, ignore as palavras e *acredite no comportamento!*

Procurando o parceiro ideal

Os relacionamentos podem trazer tanto alegria quanto sofrimento, tanto cura quanto dor. Você provavelmente já ouviu dizer que, se deseja encontrar um novo amor, deve parar de procurar. Isso é verdade por algumas razões.

Todos somos esponjas psíquicas, captando impulsos, energia e mensagens das pessoas ao nosso redor. Não importa se chamamos isso de instinto, de sexto sentido ou de meras sensações interessantes: são impressões psíquicas que as pessoas nos causam antes mesmo de terem dito uma palavra ou olhado na nossa direção.

O que tendemos a esquecer é que também somos transmissores psíquicos, enviando a mesma quantidade de impulsos, energia e mensagens para todas as outras esponjas psíquicas que encontramos. E você não precisa de um médium para lhe dizer como a presa reage quando sente um caçador na área. Qualquer cervo, coelho ou ganso pode confirmar isso – eles correm para escapar.

Não estou tentando sugerir que você fique sentado, esperando que o príncipe ou a princesa caia no seu colo. O que você deve fazer é seguir vivendo, celebrando e investindo no amor que tem agora – os amigos, a família e até os bichinhos de estimação –, e aprender a confiar no projeto que escreveu antes de vir para esta vida. E saber que Deus está sempre pronto a ajudar que ele se realize sem que você tente apressar isso por causa da desastrada emoção terrena da impaciência, para não mencionar a crença tola de que sabemos melhor do que Deus do que é que precisamos.

Famílias

No capítulo 1 discutimos "linhas de opção", ou a área da vida que escolhemos para ser a mais desafiadora quando escrevemos nossos projetos. As linhas de opção são sete: família, vida social, amor, saúde, espiritualidade, finanças e carreira.

Eu escolhi família como minha linha de opção. O significado básico disso é que sou capaz de colocar em ordem os problemas familiares de um cliente com uma única consulta, mas ainda estou tentando compreender os meus.

O que eu sei é que cada membro de cada família, incluindo a minha, escreveu o seu projeto antes de vir para cá. Todos escolhemos ser parentes uns dos outros. Como nossos projetos são mapas detalhados do que viemos aprender, deve haver uma riqueza de lições e desafios dominantes em cada relacionamento familiar ou não os teríamos escolhido. Portanto, talvez nem sempre apreciemos as aulas ou as pessoas que escolhemos para nos ensinar, mas podemos pelo menos aproveitar ao máximo a oportunidade e agradecer pela lição, mesmo que seja apenas porque aprendê-la desta vez significa não ter que voltar e fazer tudo de novo.

Parentes têm o direito de esperar que haja uma relação cordial entre eles, mas, como em todas as áreas da vida, confiança e respeito precisam ser conquistados, alimentados e mantidos. Um "laço genético" não significa "licença especial" e/ou "vale tudo". Não significa nem mesmo que vocês têm que gostar uns dos outros ou se relacionar uns com os outros. De fato, essa é uma das áreas em que eu mais errei. Ignorando que cada um dos meus filhos veio com seu próprio projeto e suas próprias lições para aprender, eu sonhava com uma linda imagem do que deveria ser um relacionamento entre irmãos – companheiros inseparáveis, com os braços perpetuamente ao redor dos ombros um do outro, prontos a se ajudarem em qualquer situação, cada um sendo a maior fonte de conforto para o outro.

A vida na minha família está muito mais pacífica depois que eu aprendi que meus filhos são indivíduos distintos com direito às suas próprias preferências. Minha relação com cada um deles é tão diferente quanto os dois são, e eu os trato com o mesmo carinho.

Para aumentar as complicações nas famílias, existe o fato de que não chegamos aqui apenas com nossos projetos e nossas características genéticas, mas também somos compostos de nossas próprias experiências e nossos próprios relacionamentos em vidas passadas. Se você já olhou para alguém com quem tem parentesco – incluindo seus filhos ou seus pais – e imaginou como duas pessoas com o mesmo sangue podem ter tão pouco em comum, essa é a resposta. Seus espíritos já estiveram aqui muitas vezes antes, com seus próprios projetos, lutas e lições em cada uma dessas vidas. Quando você pensa nisso, até se espanta de ter realmente alguma coisa em comum com seus parentes.

A genética exerce um papel importante em nossa identidade, não por uma série fortuita de combinações entre os genes, mas por causa de nossos projetos. Ao escolher nossos pais, quando compomos nossos projetos, estamos selecionando fatores genéticos que irão estabelecer as bases para os objetivos que determinamos para nós mesmos antes de vir. Quer você goste ou não das qualidades físicas, mentais e emocionais que herdou dos dois lados da família, deve agradecer ou culpar a si mesmo. De qualquer forma, lembre-se sempre de que você os escolheu por alguma razão.

É bem possível que haja algumas almas irmãs em sua família – espíritos que você conheceu em outras vidas e com os quais se relacionou, bem ou mal. Outros membros da família estarão sem dúvida se encontrando com você pela primeira vez. Isso não torna nenhum dos relacionamentos atuais mais ou menos significativo. Apenas explica um pouco da dinâmica que você deve ter lutado anos para entender – a grande afinidade ou atração especial entre dois de vocês ou um desconforto, uma desconfiança ou uma raiva genuína que você não consegue explicar. As variações são infinitas, mas as razões são simples e lógicas – os relacionamentos em vidas passadas e a ausência deles existem em todas as famílias. Marido e mulher nesta vida podem ter sido irmãos numa anterior. São as conexões que continuam, não as relações específicas.

Quando os relacionamentos específicos se repetem, isso indica uma oportunidade de aprender, crescer e progredir. Um cliente chamado Joel sentia-se preso a um casamento no qual ele permanecia por culpa e não por amor. Era infeliz e imaginava que a esposa também fosse, mas nas ocasiões em que pensava em deixá-la sentia-se preso pela culpa. Não precisei do meu dom mediúnico para assinalar que nenhum relacionamento baseado na culpa é saudável ou digno de ser preservado. Mas meu dom foi necessário para descobrir que ele e a esposa tinham sido casados em uma vida passada, e ele a deixara quando soube que ela tinha uma doença terminal. Desenterrar a fonte da culpa o libertou. Quando o encontrei dois anos depois, ele me informou que estava prestes a se casar com uma mulher a quem amava muito e que a ex-esposa também era feliz no novo casamento.

É perfeitamente natural ter reações emocionais a essas conexões prévias. Qualquer que seja o caso, também vale a pena usar essa informação no sentido de compreender a dinâmica da sua família e fazer as pazes com ela, em vez de usar isso como uma nova série de desculpas para disputas e ressentimentos.

Se eu acredito que nos momentos difíceis as famílias têm que ficar unidas? Com certeza. Honrar até as últimas conseqüências uma conexão familiar faz parte de nossa essência e do desafio que nos inspirou a escolher ter nascido nesse grupo particular de pessoas.

Isso vale tanto para casos de adoção quanto para famílias biologicamente conectadas. Se você escreveu em seu projeto que nasceria de alguém que depois o entregaria a outra pessoa, fez isso por uma razão que é importante para o progresso do seu espírito. Precisamos parar de usar o termo "família verdadeira" para descrever uma conexão genética. Ele implica que uma família adotiva não é verdadeira, o que na maioria dos casos não é correto nem justo.

Filhos

Cada vez que você olhar para um bebê recém-nascido ou que está aprendendo a andar, procure lembrar-se de que dentro daquele corpo pequenino balbuciando palavras vive um espírito sábio, inteiro e experiente e um dos seres com maior capacidade mediúnica da Terra. Como acabaram de chegar do Outro Lado, eles têm com freqüência memórias vívidas de seus projetos, seus Guias Espirituais, seus Anjos e suas vidas passadas. Se tiverem sorte, ninguém ainda teve a chance de fazer com que se sintam estranhos, inadequados ou envergonhados quando querem falar sobre isso.

Já ouvi tantas pessoas dizerem ou ouvirem: "Não engulo isso. É esquisito demais." Sabe o que eu acho mais esquisito? Acreditar que os bebês são páginas em branco quando chegam aqui. As crianças podem nascer com medo de coisas como altura, água, lugares fechados, aranhas ou trovoadas, mesmo que ninguém ao redor tenha medo das mesmas coisas. Como? Honestamente, o conceito de capricho aleatório do destino não parece mais difícil de engolir do que a explicação perfeitamente lógica das vidas passadas?

Encoraje seus filhos a compartilhar qualquer pensamento, e aprenda a ser o melhor e mais aberto ouvinte, mas estimule-os também desde muito cedo a explicar referências que você não compreende. Pergunte coisas como "Quem você foi antes?" e "Com quem daqui você já esteve?", sem julgar as respostas ou parecer cético com relação a elas. Essa é uma excelente forma de estabelecer a confiança deles em você, para confirmar a noção de que qualquer coisa que eles tenham a dizer é importante e para criar uma abertura entre vocês que irá durar por toda a vida se você continuar a alimentá-la.

As crianças têm mais probabilidade do que os adultos de ver espíritos, fantasmas, Guias Espirituais, Anjos e qualquer outra entidade do Outro Lado. Isso também faz sentido – afinal, elas acabam de vir de lá. Se disserem que estão vendo pessoas que você não vê, ou ouvindo vozes que você não ouve, puxe uma cadeira e peça que descrevam seus "amigos imaginários". É provável que eles não sejam nem um pouco imaginários e que você tenha sido abençoado com um pequeno e ávido canal de ligação com o mundo espiritual.

De fato, uma das coisas mais inteligentes que você pode fazer pelo seu próprio aprendizado e pela autoconfiança do seu filho é eliminar do seu vocabulário a frase "Você está imaginando coisas". Primeiro, porque isso provavelmente está errado. E segundo, eu não sei como você reage, mas eu não gosto nem um pouco quando alguém me diz que estou imaginando uma coisa que me parece bem real. Quando estamos dormindo, nossa mente espiritual está bem acordada e parece perceber tudo o que acontece à nossa volta.

É por isso que eu acredito tanto em falar com os filhos enquanto eles dormem. Não se preocupe se achar que eles não vão entender o que você lhes diz. Seu vocabulário consciente pode estar limitado pela idade, mas o espírito com o qual você está falando através do subconsciente é eterno e tão fluente quanto você.

A paz, a segurança e a cura que você pode dar a seu filho enquanto ele dorme fazem diferença, não apenas para ele, mas também para o laço entre o seu espírito divino e o dele.

Tudo o que você vai fazer é chegar bem perto de seu filho adormecido para que ele possa ouvir a sua voz calma sem ser acordado por ela e então dizer algo como:

"Meu querido filho, sinto-me abençoado por você ter me escolhido para guardar e alimentar seu espírito sagrado enquanto começa sua nova vida na Terra. Eu lhe prometo o melhor esforço da minha alma para mantê-lo seguro, saudável, feliz e ligado ao Deus que o criou e que vive dentro de você. Que você possa manter toda a alegria e a sabedoria que suas vidas passadas lhe deram, e que toda a dor, medo, doença e negatividade dessas vidas passadas sejam liberados e dissolvidos para sempre na luz branca do Espírito Santo."

4

Sua saúde: receitas mediúnicas para a mente e o corpo

Há 20 anos, eu estava deitada em uma maca de hospital em Mountain View, na Califórnia, sendo levada para uma pequena cirurgia, quando olhei para o anestesista e anunciei tranqüilamente: "Sua mulher vai bater com o carro em uma cabine telefônica. Ela não vai se machucar, mas vai acabar com o carro."

Ele já tinha obviamente aprendido a tolerar todos os tipos de incoerências vindos de pacientes anestesiados e só faltou me dar tapinhas na cabeça enquanto me empurrava para a sala de operação através das portas duplas de vaivém. "Que bom", ele disse. "Agora relaxe."

Eu me lembro de ter pensado o que poderia ser "bom" a respeito daquilo antes de apagar.

Quando abri os olhos no quarto, ele estava sentado ao lado da minha cama, me encarando, pálido e trêmulo – não é a reação que você espera encontrar quando acaba de acordar de uma cirurgia. Consegui murmurar: "O que aconteceu?" Preparei-me para a notícia de que durante a operação tinham descoberto que eu estava tomada por alguma doença terrivelmente devastadora.

Ele finalmente encontrou a voz: "Acabaram de telefonar. Minha esposa bateu em uma cabine telefônica. O carro sofreu perda total."

Minha resposta foi um pouco abrupta: "Claro que ela bateu", mas eu estava aliviada demais para me solidarizar com ele.

Felizmente, o anestesista ficou mais impressionado do que ofendido. Ele acabou contando aquela história às pessoas com quem trabalhava, que contaram aos seus colegas, e assim por diante. Como resultado, 20 anos depois eu sou abençoada com consultas médicas gratuitas e troca de experiências com 96 médicos e psiquiatras por todo o país.

Pouco tempo depois daquele encontro com o anestesista, uma cliente entrou no meu escritório para uma consulta. Ela parecia perfeitamente normal, mas antes que se sentasse na cadeira eu afirmei uma coisa que nunca tinha dito a um cliente e nunca mais tornei a dizer: "Não se sente! Você precisa ir a um urologista agora mesmo!"

Um médico amigo meu pôde recebê-la imediatamente e me ligou duas horas mais tarde. "Graças a Deus você a mandou até aqui. Esta mulher tem uma infecção de bexiga muito avançada. Se tivesse esperado mais tempo para procurar ajuda, ela estaria com sérios problemas."

Minha sensibilidade aos problemas médicos cresceu rapidamente, quase como se comportas tivessem sido abertas. Comecei a fazer "exames mediúnicos" de cada cliente no instante em que ele entrava na sala, verificando cada área do corpo e revelando qualquer informação que recebesse.

Uma mulher veio a mim com o diagnóstico de uma doença do sangue rara e incurável. Seu médico a mandou com a esperança de que eu pudesse dar a ela algum conforto espiritual. Mas durante a consulta me veio claramente que o diagnóstico estava errado. Tudo o que ela tinha a fazer era procurar um bom endocrinologista para que verificasse sua tireóide. Ela fez isso. O nível de produção de hormônios estava assustadoramente baixo, mas podia ser tratado e não era fatal.

Uma jovem tinha tentado ficar grávida por meses, sem sucesso, e nenhum médico tinha conseguido descobrir por quê. Eu indiquei um especialista que confirmou minha crença de que quistos ovarianos eram os verdadeiros culpados e ela começou a tratá-los. Um ano depois ela me mandou fotos de sua filha recém-nascida, e eu sempre me perguntei se ela estava me agradecendo ou me xingando naquelas primeiras semanas sem dormir, com estrias e mamadas às quatro da manhã.

Foi estimulante descobrir que eu também posso ajudar "de longe". As respostas vêm com a mesma clareza durante consultas por telefone ou ao examinar a correspondência pela manhã. Mesmo se o cliente não tiver problemas médicos, sou capaz de avisá-lo sobre um amigo ou um parente que tenha, o que ocasionalmente deixa o cliente em uma posição bastante estranha.

Ao longo desses muitos anos e depois de milhares de cartas de clientes e de médicos contando os resultados bem-sucedidos das minhas sugestões médicas, o assunto saúde se tornou uma fonte de profunda satisfação para mim. Mas, embora eu aprecie minha relação com a comunidade médica, não é demais enfatizar: nenhuma consulta com um médium, seja eu ou qualquer outro, deve jamais ser usada em substituição aos cuidados de um profissional treinado e responsável, e sim apenas como um suplemento que pode com freqüência guiar você e o seu médico em uma direção produtiva.

Mente e corpo

Todo mundo que tem carro sabe: para consertos e regulagens de rotina, a melhor coisa é um mecânico profissional. Mas estamos procurando encrenca se não nos responsabilizarmos pela manutenção diária. A mesma coisa vale para estes corpos em que estamos fazendo nossa jornada. Para exames e problemas sérios, a melhor coisa é procurar um médico competente. Mas a manutenção diária cabe a nós. Podemos exercer um papel muito mais ativo em nossa saúde e nosso bem-estar do que simplesmente engolir algumas vitaminas todos os dias e dizer: "Pronto!" Precisamos compreender e usar os fatos sobre como o corpo funciona e se cura, e a relação íntima e fascinante que existe entre nossos corpos e nossas mentes.

Não há nada mais literal neste mundo do que a maneira como o corpo reage ao que a mente lhe diz. Se você acha que o corpo pode ser mais inteligente do que a mente, ou que ele de alguma forma se ajeita sozinho e cria sua própria realidade sem se importar com o que a mente tem a dizer, lembre-se disto: sob hipnose – quando o subconsciente comanda –, se lhe disserem que o dedo do hipnotizador é um ferro em brasa e você for tocado por esse dedo, vai se formar uma bolha. O corpo não interfere e diz: "Espere aí, você não me engana, não posso me queimar com um dedo." Ele ouve "ferro em brasa" e reage de acordo. Se a mente tem tanto poder sobre o corpo, como podemos duvidar que ela controle cada aspecto da saúde corporal?

Certa vez – em uma viagem ao Quênia – assisti a uma mulher nativa dando à luz. Ela cavou um pequeno buraco na terra, segurou uma barra de metal que estava carregando, agachou-se sobre o buraco, empurrou a criança para fora de seu corpo e para dentro do buraco, cortou o cordão umbilical com os dentes, colocou o bebê em um saco de pano pendurado ao pescoço e voltou ao trabalho em um campo próximo. Isso quer dizer que as nativas do Quênia sejam mulheres singularmente resistentes? Claro que não. Mas é um forte indicativo de que elas não ouviram falar que dar à luz é um processo doloroso e complicado.

Assistir àquele parto emocionante reforçou para mim o fato de que nossos corpos seguem as ordens literais que nossas mentes lhes dão. Naquele caso, a mente da mulher não estava programada para associar o parto a uma dor debilitante e ao repouso na cama. Também não precisamos aceitar uma programação que recebemos. Minha avó Ada quebrou a bacia quando tinha 86 anos. Após a cirurgia, os médicos disseram que ela nunca mais iria andar. Um mês depois, eu a encontrei de pé, limpando a casa, empurrando uma cadeira diante de si para se apoiar. Horrorizada, perguntei o que é que ela estava fazendo, já que deveria estar deitada na cama. Sabe qual foi a resposta? Eu a adotei para mim mesma quando sinto qualquer tipo de doença tentando me pegar: "Não tenho tempo para essa bobagem."

Acho que todos já passamos por isso. Você está andando por aí durante o dia, sentindo-se perfeitamente bem, quando alguém diz: "Tudo bem? Você não parece muito bem." Com toda a certeza, durante o resto do dia, você começa a perceber que realmente não está se sentindo tão bem assim. Dez em cada dez vezes, a pessoa que afirmou isso não foi abençoada com o poder espantoso de julgar a sua saúde melhor do que você. O único poder que teve foi o da sugestão. Antes que você perceba, está pensando: "Se eu não pareço muito bem, talvez eu *não esteja* bem." Seu corpo, sempre ansioso para agradar, ouve "não esteja bem" e, obedientemente, cria algum tipo de desconforto. Na próxima vez, em lugar de "Pode ser que eu não esteja bem", tente pensar "Não tenho tempo para essa bobagem". Continue pensando isso até se tornar verdade. Posso apostar com segurança que você vai passar o resto do dia se sentindo tão bem quanto estava a princípio.

Isso leva à minha *forte* crença de que devemos eliminar do nosso vocabulário todos os clichês irresponsáveis que podem dar a deixa ao corpo para desenvolver problemas de saúde.

Faça um acordo com seu cônjuge ou com um amigo para observar com que freqüência você usa essa linguagem negativa e trabalhem juntos para quebrar esse hábito. Aqui vão alguns exemplos:

- "Ele/ela me deixa doente."
- "Ele/ela me dá nos nervos."
- "Estou morrendo de preocupação por causa..."
- "Ele/ela me deixa esgotado."
- "Você está me dando dor de cabeça."
- "Você vai acabar me causando uma úlcera."
- "Estou sentindo um grande peso no coração."
- "Você ainda vai me matar."
- "Prefiro morrer a..."
- "Ele/ela/eles me causam um enjôo..."

Se você prestar atenção, vai ficar chocado com a freqüência com que sabota seu corpo de maneira sutil, praticamente ordenando que ele tenha problemas.

De modo similar, seu corpo é absolutamente literal na maneira como reage ao ambiente ao redor. Com muita freqüência, se existem assuntos em nossas vidas que nossas mentes se recusam a tratar, nossos corpos vão falar alto e claro:

- Você tem uma dor crônica no pescoço? Quem ou o que está pesando sobre ele?
- Você tem dores crônicas nas costas? Quem ou o que você está carregando?
- Sua vista está falhando? O que você não está querendo ver?
- Laringite crônica? O que você não quer dizer?... Ou que foi que disse que acha que não deveria ter dito?
- Audição começando a ter problemas? O que está tentando não ouvir? Por falar nisso, já percebeu que é sempre apenas uma das pessoas de um casal que começa a perder a audição, nunca os dois? Adivinhe por quê.
- Problemas respiratórios ou brônquicos crônicos? O que você precisa pôr para fora do peito?
- Tonteiras? Quem ou o que está tirando seu equilíbrio?

A lista é infinita. Mas a questão é: se você se lembrar que o corpo reage literalmente à informação, muitos problemas de saúde recorrentes podem ser curados quando a mente identifica a origem *verdadeira* do problema e resolve começar a enfrentá-la. Existe outra lição importante a aprender: temos a obrigação de ser tão atentos e receptivos aos sinais de nossos corpos quanto eles são aos nossos sinais.

Todos os dias eu vejo clientes que ainda não associaram seus problemas físicos de saúde ao fato de estarem vivendo e/ou trabalhando em um ambiente mentalmente pouco saudável. Aprendi da maneira mais difícil que a tensão prolongada, a infelicidade e a depressão certamente se refletem no corpo de alguma forma, mais cedo ou mais tarde, se não forem expressas ou resolvidas. Muitos médicos também têm consciência disso. Pacientes com câncer, por exemplo, com muita freqüência recebem a recomendação de complementar o tratamento médico com uma mudança no estilo de vida, procurando uma atitude mais pacífica e positiva. Muitas vezes os resultados são bons. Nem sempre, lamento dizer, mas com uma freqüência suficiente para que valha a pena tentar.

Todos já ouvimos dizer que o estresse causa úlceras. Isso é verdade, mas também é só o princípio da história, como quase toda a comunidade médica reconhece. Se o estresse e outras emoções intensas e poderosas são fortes o bastante para causar sangramento interno, também são fortes o bastante para causar inúmeros outros problemas pelo corpo. Somos como panelas de pressão ambulantes. Se você já usou alguma, sabe que tem três opções com uma panela de pressão: certificar-se de que o vapor está saindo, tirá-la do fogão ou acabar com a tampa e o seu jantar grudados no teto. Temos as mesmas opções com relação ao nosso corpo: descarregar a pressão, mudar para um ambiente ou situação que não crie mais pressão ou acabar explodindo.

Não, isto não é um convite para que andemos por aí gritando e berrando com os outros, nos agredindo mutuamente, e chamemos isso de "liberar a pressão". Em primeiro lugar, não é bonito. Em segundo, existem leis contra isso. Em terceiro lugar, qualquer dor que causemos a alguém irá, no fim das contas, fazer mais mal a nós mesmos do que a ele, e isso é um fato.

Mas existem muitas maneiras de resolver esses problemas sem causar dano e é essencial para sua saúde física e mental descobrir o maior número das que funcionam com você. Converse com um terapeuta, um amigo ou um parente, um pastor, um padre, um grupo de apoio – qualquer um em quem você confie e que vá ouvir sem julgar. Chore. Grite. Escreva uma carta longa e detalhada para a pessoa que o agrediu e depois queime. Diga a seu Guia Espiritual que você precisa de ajuda e exatamente por quê. Reze. Ande. Corra. Faça ginástica. Vá a um parque de diversões – desafio você a ficar preocupado com seus problemas enquanto está de cabeça para baixo em uma montanha-russa.

Além disso, converse com seu médico. Não conheço ninguém que tenha conseguido uma vida melhor ao se tornar dependente de drogas, de medicamentos controlados ou de álcool, mas não é nenhuma fraqueza pedir a ajuda supervisionada de uma medicação segura que pode tornar mais fácil lidar com o estresse, com uma crise ou com um trauma. Muitos cientistas tiveram o trabalho de desenvolver desde antidepressivos e antibióticos eficientes a fitoterapia e acupuntura.

O trauma, é claro, tem um impacto igualmente dramático no corpo. Descobrir a conexão mental entre a doença e sua fonte pode ajudar bastante na cura, por isso aqui vão três orientações que descobri serem muito úteis nas consultas sobre saúde com meus clientes:

1. O trauma súbito – a morte de um ente querido, a perda de um emprego, um divórcio ou rompimento, a devastação de um desastre natural, etc. – tende a atingir o corpo do peito para cima. Se você está sofrendo de resfriado, bronquite, otite ou sinusite, problemas de coração ou qualquer infecção das vias respiratórias superiores, dê uma olhada nos últimos seis meses ou um ano da sua vida e veja se consegue atribuir isso a algum acontecimento que tenha causado um trauma. Se descobrir, lide com ele imediatamente. Nunca tente usar seu corpo como um cemitério para enterrar a dor emocional.

2. O trauma profundamente enraizado – infelicidade prolongada em casa ou no trabalho, problemas familiares constantes que você não enfrentou, conflitos não-resolvidos com amigos, desculpas devidas e culpa não admitida, etc. – normalmente ataca entre o peito e a cintura. Úlceras, indigestão crônica, acidez, cãibras estomacais e coisas semelhantes, com freqüência, significam que existe alguma coisa que você continua a "empurrar para baixo", em vez de enfrentá-la e se livrar dela de uma vez por todas.

3. O trauma de infância e de outras vidas – obviamente este tipo é o mais difícil de desenterrar, mas um médium ou hipnotizador qualificado pode ser de grande ajuda – tipicamente ataca da cintura para baixo. Constipação crônica ou diarréia, colite, problemas com os órgãos reprodutores, etc. são freqüentemente um sinal de que seu subconsciente está se apegando a alguma coisa que passa despercebida para sua mente consciente e que precisa ser liberada.

Às vezes, justamente por nossos corpos não serem capazes de reprimir ou racionalizar nada, acho que são mais espertos do que nós. Se abusarmos deles, os negligenciarmos, os alimentarmos mal, exigirmos demais deles ou deixarmos de prestar atenção a eles, irão certamente reclamar.

Memória celular e trauma de vida passada

Temos a obrigação de nos tornarmos ativamente conscientes de outros aspectos da saúde que têm um impacto poderoso em nossas mentes e corpos, aspectos enraizados tão profundamente que apenas uma fração da comunidade médica começa agora a explorá-los.

Como já discutimos, antes de nossos espíritos do Outro Lado entrarem no útero, cada um de nós prepara um projeto. As questões de saúde estão incluídas nele, embora possamos modificá-las enquanto estamos aqui – um resfriado, por exemplo, não tem que evoluir para uma pneumonia se tomarmos cuidado para evitar isso. Do Outro Lado, temos acesso às memórias conscientes de todas as nossas vidas passadas e escrevemos os projetos de acordo com elas. Mas o que é consciente passa para o subconsciente quando iniciamos as vidas que escolhemos empreender.

As células das quais somos feitos retêm essas memórias de vidas passadas e reagem a elas, assim como nosso espírito reage à experiência familiar de habitar um corpo. A sensação é parecida com esses lugares especiais que todos temos em nossas vidas e que associamos com felicidade ou tristeza, medo ou trauma. A emoção nos atinge toda vez que voltamos lá, não importando quantos anos se passaram desde os eventos que levaram à associação. O espírito experimenta a mesma familiaridade quando retorna a outro corpo, enquanto as células desse corpo absorvem as memórias do espírito e reagem como foram programadas, incapazes de discernir a diferença entre o passado e o futuro, ou entre esta vida e as passadas.

Certo dia, quando meu filho Christopher estava para fazer três anos, eu lhe perguntei casualmente: "Quem você foi antes?" Ele me disse que tinha sido um caubói e tinha um cavalo chamado Brasa. Ele levara um tiro no estômago do lado de fora de "um lugar com portas de vaivém". Apesar de fascinada, eu pensei que talvez ele estivesse vendo programas de caubói na televisão, quando ele acrescentou: "E aí a minha filha correu e segurou a minha cabeça, enquanto eu morria." Isso não combina com a imaginação de um menino de três anos. Lembrei-me daquela conversa milhares de vezes nos anos seguintes, quando Chris desenvolveu dores agudas e crônicas no estômago. Os médicos não conseguiam encontrar nenhuma razão fisiológica para elas. Uma noite, enquanto ele dormia, decidi começar a trabalhar com ele para ver se conseguia usar a informação que ele me dera para chegar às raízes reais daquelas dores. Sentei-me na ponta da cama e falei para sua mente subconsciente: "Chris, sei que você levou um tiro no estômago antes e sei que foi muito doloroso. Mas isso aconteceu em outro tempo, em uma vida passada. Você está seguro agora, seu estômago está bom e saudável e você nunca mais vai ter de passar por isso." Na manhã seguinte as dores tinham desaparecido e nunca mais voltaram.

Pouco tempo depois disso, uma cliente me pediu para passar uma hora com seu filho de dois anos. Ele ficava absolutamente histérico cada vez que a mãe entrava no chuveiro: "Mamãe, não! Não, mamãe, não!" Juntamente com minha Guia Espiritual e o Guia Espiritual do menino, descobri a fonte do problema e disse à mulher que queria falar com seu filho enquanto ele dormia. Naquela noite, quando ele estava dormindo, eu acariciei sua testa e sussurrei: "Em 1942, você e sua família foram aprisionados em um lugar terrível chamado Dachau..." Forneci todos os detalhes trágicos de como ele tinha visto a mãe, o pai e dois irmãos serem levados para os horríveis e letais chuveiros de gás e como ele tinha morrido da mesma forma medonha quatro meses depois. "Foi uma das coisas mais cruéis que já aconteceram na face da Terra, mas acabou, graças a Deus. Nesta vida você e sua mãe estão seguros e bem, os chuveiros não vão machucá-la. Algumas semanas depois, a mãe me escreveu dizendo que o terror de vê-la entrar no chuveiro tinha desaparecido.

Ao longo dos anos, os médicos têm me mandado inúmeras crianças cujas doenças recorrentes não estavam respondendo à medicina tradicional, e eu descobri que 98% dessas crianças reagiam à reafirmação de que o trauma ou a morte na vida passada que ainda estavam lembrando já tinha passado. Por exemplo, uma criança que nascera com o que parecia ser um caso agudo de asma na verdade tinha sido enforcada por um crime que não cometera. Em cada um desses casos, o uso de afirmações dirigidas à mente espiritual durante o sono, para libertar esses traumas de vidas passadas, resultou na cura da criança.

Se você tiver um filho pequeno com uma doença crônica ou fobia, *além de procurar assistência médica especializada*, tente calmamente assegurar a seu filho adormecido: "Você pode se libertar da sua vida passada agora. Acabou, e tudo o que o machucou antes se foi para sempre. Você nasceu para esta nova vida seguro, saudável e perfeito."

Amplifique esse exercício com uma oração, pela criança, por um ente querido ou por você mesmo, se estiver sofrendo de alguma coisa da qual queira se livrar de uma vez por todas:

Querido Deus,
Por favor, me ajude a liberar para a luz purificante do Espírito Santo qualquer coisa que minha mente espiritual e minha memória celular tenham retido de uma vida passada e que esteja me prejudicando. Amém.

Mesmo se você for cético, ou simplesmente não acreditar em uma palavra do que eu acabei de dizer, tente apenas por uma semana. Com certeza não vai lhe fazer mal.

A memória celular pode ser uma força poderosa em adultos e em crianças, tanto física quanto emocionalmente. Lembre-se, a sensação familiar de habitar novamente um corpo cria uma espécie de *déjà-vu* no espírito, o que aciona uma reação fisiológica quando o corpo responde a sugestões da mente espiritual.

Digamos, por exemplo, que aos 34 anos você de repente desenvolva um sério problema brônquico ou das vias respiratórias superiores sem nenhuma causa aparente e nenhuma reação satisfatória ao tratamento. Talvez em sua última vida você tenha morrido de pneumonia aos 34 anos, numa época em que essa doença era invariavelmente fatal.

Já foi demonstrado através da fotografia Kirlian, que captura em filme uma imagem da energia ou "aura" que emana de todas as coisas vivas, que um membro amputado continua a aparecer em forma de energia como parte do corpo muito depois de ter sido extirpado. Estudos fascinantes foram documentados, especialmente pela Dra. Thelma Moss, com pessoas cujos membros amputados continuam a causar dor, como se ainda fossem reais e ligados ao corpo – tal como a mente espiritual e a memória celular os percebem. O trauma e a morte em uma vida passada podem causar a mesma reação e exatamente o mesmo tipo de "dor-fantasma".

Mas, assim que a mente espiritual recebe e compreende a mensagem "É outro tempo, outro lugar, outra vida, outro corpo", ela pode liberar a dor, o medo, o trauma ou a doença que está retendo. Este processo é mais fácil do que se imagina. Você nem mesmo tem que conhecer as especificidades da vida passada à qual sua mente espiritual e sua memória celular estão reagindo – basta reconhecer que uma vida passada pode ser a origem do problema.

Saúde mental

Meu trabalho voluntário com a comunidade psiquiátrica tem sido uma fonte de enorme satisfação. A primeira cliente que recebi por indicação de um amigo psiquiatra foi uma adolescente que, segundo ele, podia ter um problema ligado à "minha área". Ela estava convencida de que era assombrada por uma figura sombria que tinha se ligado a ela e a seguia aonde quer que fosse. Estava tão apavorada que se tornara incapaz de agir, saía de casa apenas para a terapia, não conseguia dormir e permanecia ansiosa e deprimida devido à crença de que a figura sombria queria lhe fazer mal.

Eu admito que, quando meu amigo me pediu para vê-la, imaginei que *estivesse mesmo* sendo assombrada por algum pobre fantasma confuso com o qual eu saberia lidar. Mas, no instante em que a garota entrou, percebi que não havia nenhum fantasma com ela e nem mesmo perto dela. Comuniquei-lhe isso alegremente, com a expectativa boba de que ela fosse ficar aliviada. Não ficou.

Eu não podia deixar que ela saísse do meu consultório naquela perturbação. Mas eu não conseguia fazer nenhum progresso com a garota, por mais que tentasse. Rezei com ela, conduzi-a por uma meditação de cura e cheguei a encenar um exorcismo.

Na minha ânsia de sucesso, eu me esquecera do que deveria ter feito em primeiro lugar. Sentei, fechei os olhos e disse silenciosamente: "Desisto, Deus. Ela é toda Sua. Por favor, ajude-a e apenas me diga o que fazer."

A resposta veio em um instante, clara como água. Apenas seguindo as instruções, abri os olhos, estudei-a por um longo instante e depois anunciei com falsa surpresa:

– Sabe de uma coisa? Você tem toda razão, *há* alguém com você! Não consigo entender por que levei tanto tempo para vê-lo! Mas o mais espantoso é que ele não é uma figura grande e escura – é só um garotinho!

A garota me encarou:

– Um garotinho?

– Sim, e ele é lindo, tem só nove anos. Está perdido e muito assustado e quer ficar perto de você porque acha que vai tomar conta dele.

Depois de um momento de silêncio, ela sorriu aliviada. Sua voz estava cheia de compaixão e ternura quando ela disse, mais para si mesma do que para mim:

– Eu posso lidar com um garotinho!

Com certeza ela podia. Lenta mas seguramente a garota começou a retomar a vida, achando cada vez mais fácil pedir ao garotinho que, por favor, brincasse um pouco sozinho enquanto ela estava ocupada e ficasse esperando em casa enquanto ela saía, até que ele finalmente desapareceu. Da última vez que eu ouvi falar dela, tinha se formado na faculdade e estava procurando emprego.

Aprendi uma lição valiosa sobre o medo naquele dia. Em vez de perder tempo dizendo a alguém que aquilo que ele teme é ridículo ou imaginário, tente achar uma maneira de reduzi-lo a alguma coisa que a pessoa possa enfrentar, descartar ou derrotar. Com freqüência, o alívio inicial vai servir de base para uma cura a longo prazo.

Ainda acho muita graça – não da paciente, mas de mim mesma – quando me lembro de uma mulher que me foi indicada por um psicólogo clínico do Meio-Oeste. Pelo que me contaram, ela acreditava de todo o coração que tinha uma cobra enrolada na cintura. Como ela tinha pavor de cobras, você pode imaginar o efeito que isso causava.

Para essa consulta, eu rezei pedindo a ajuda de Deus antes que a mulher chegasse e, no momento em que pus os olhos nela, eu gritei: "Ah, meu Deus, tem uma cobra enrolada na sua cintura!" Pulei da cadeira, arranquei a cobra imaginária da mulher e passei a lutar com a cobra por todo o escritório. Para uma cobra imaginária, ela deu bastante trabalho. Morta a cobra, eu reuni o que restava da minha já puramente imaginária dignidade e me apresentei. Uma hora depois, uma mulher muito feliz e livre de cobras saiu do meu escritório sem dúvida achando que eu era muitíssimo mais louca do que eu jamais poderia ter pensado que ela fosse.

Nunca é demais repetir: existem muitas doenças mentais e emocionais que eu não sou qualificada para enfrentar ou curar, e nenhum médium deve jamais ser utilizado como substituto para um psiquiatra.

"O Laboratório"

Para uma experiência calmante e curativa, minha Guia Espiritual Francine me passou uma adorável meditação – ou um exercício mental. Ela a chama de "O Laboratório". Como ela explica, o Laboratório é um lugar especial aonde você pode ir, a qualquer momento, onde quer que esteja, quando tiver alguns momentos de calma. "Quando você cria seu próprio laboratório em sua mente", ela me disse, "nós do Outro Lado podemos vê-lo e nos reunirmos lá com você para ajudar em qualquer problema que esteja enfrentando."

O Laboratório tem sido uma grande fonte de conforto e força ao longo dos anos para mim, para minha família, meus amigos, minha equipe e para os clientes com quem o compartilhei. Rezo para que ele faça o mesmo por você. Se quiser, grave este texto em fita e ouça-o, seguindo as orientações:

Em sua mente, crie uma sala retangular, do tamanho que lhe parecer ideal e confortável. Deixe a parede do fundo aberta, mas pinte as outras três com um verde suave e calmante. Adicione às paredes janelas largas que lhe proporcionem uma bela vista de água, de um azul-claro e sereno. No centro da sala, crie uma mesa, com os mais intrincados entalhes e desenhos que puder imaginar, grande o bastante para que você se deite nela.

Aos poucos, decore sua sala com os móveis que preferir, obras de arte, plantas, velas, flores e outras peças de decoração de que você gosta. Quanto mais detalhes e toques pessoais você der ao seu ambiente, mais real ele vai lhe parecer, por isso não se apresse e procure torná-lo o mais bonito possível.

Na parede aberta, pendure um magnífico vitral. Estude cada centímetro do grandioso desenho à medida que o cria e, no centro, coloque o símbolo que tenha o significado espiritual mais profundo para você. Faça-o com o azul, dourado, verde e púrpura mais brilhantes que já se viu.

Agora ande lentamente pelo maravilhoso Laboratório que você criou, apreciando cada detalhe, até chegar diante do vitral, que é iluminado por trás, de forma que você possa sentir o calor do seu suave brilho de arco-íris.

De pé ali, as cores brilhantes do vitral reluzem através de você, uma por uma, penetrando em sua mente e seu corpo, entrando profundamente em você, fazendo com que sinta cada raio limpando sua alma.

Azul – a tranqüilidade e a consciência elevada enchem seu corpo... seu coração... seu espírito...

Dourado – você abraça sua divina dignidade... seu intelecto se aguça...

Verde – um laser de cura o atinge... você se sente capaz, exultante...

Púrpura – a cor da realeza, seu direito de nascimento como filho de Deus... sua espiritualidade se torna mais profunda, mais sagrada, alimentando e sendo alimentada... seu espírito se eleva nos ares...

Agora peça à luz branca do Espírito Santo para cercá-lo e curá-lo. Sinta o brilho amoroso do branco puro banhá-lo com paz, estabilidade, poder e controle – o alto da cabeça... cada contorno do rosto... o pescoço e os ombros, soltando a rigidez e a tensão... prosseguindo pelo peito abaixo, a coluna vertebral, cada osso, cada músculo, liberando toda a dor, toda a carga... a cintura, o abdômen, tranqüilizando, limpando... lentamente descendo pelas pernas, livres do peso, tão relaxadas que mal conseguem sustentar você... até os pés, aliviando, acalmando, renovando...

Ande lentamente até a linda mesa que você criou. A luz branca o envolve numa maravilhosa capa brilhante enquanto você se deita sobre a mesa. A superfície é macia e firme, um apoio perfeito. Você está seguro e protegido. Todo o medo o deixa, liberado e dissipado no manto da luz de Deus.

Silenciosamente você convida o Outro Lado a vir até você. Eles estiveram esperando para se juntar a você no seu belo aposento e chegam em um instante, reunindo-se ao redor da mesa – seu Guia Espiritual, seus Anjos, seus entes queridos que já partiram, trazendo com eles os grandes mestres e doutores do Outro Lado para confortar e curar você. Cercado pela saúde perfeita, pela sabedoria perfeita e pela aceitação perfeita, sua mente se desanuvia, libertada do estresse e dos fardos à medida que seus ajudantes espirituais os removem um por um e os absorvem para sempre. Toda a tristeza, toda a dor, toda a depressão e todo o caos emocional se dissipam – todo um mar zangado e agitado de dor não expressada se transforma em águas claras e tranqüilas pelo poder de cura daqueles que são as Mãos de Deus e que se aproximam agora, estendendo os braços. Você sente a paz que emana deles.

As mãos deles aguardam acima do seu corpo e você lhes pede em silêncio que usem seu poder curativo na fonte do seu maior desconforto físico. Você fecha os olhos e sente o toque seguro e habilidoso dessas mãos, trabalhando com graça e certeza divinas, aliviando, acalmando e removendo serenamente a dor e deixando-o inteiro de novo. Você se entrega e, em união com Deus, em união com as Mãos que curam, todas as dúvidas deixam de existir, cada célula liberando as memórias de doença e trauma e sendo restaurada em seu momento mais saudável e vivo.

Logo, curado e em paz, enquanto as Mãos continuam a trabalhar, você cai num sono profundo. Um minuto, uma hora, um dia... o tempo não importa, o tempo não existe. Você está contente, sabendo que vai acordar plenamente restabelecido, com um renovado sentimento de bem-estar, mais facilidade para lidar com a vida e nada a temer, porque não há nada que você não consiga resolver com a ajuda de Deus. Você é filho Dele. É abençoado. É um novo dia. Graças a Deus.

5

VIDA APÓS VIDA: COMO DESCOBRIR SUAS VIDAS PASSADAS

Sei com absoluta certeza que vivemos muitas vidas nesta Terra. Quanto mais compreendemos nossas vidas passadas, mais sentido fazem as vidas atuais. Entender nossas vidas passadas é uma chave valiosa para reconhecer a morte não como um fim, mas como mais uma transição na jornada contínua e eterna dos nossos espíritos.

Minha formação católico-judaico-luterano-episcopal inadvertidamente plantou as fundações para minha crença na reencarnação. Para ser franca, a idéia de ter apenas uma chance nesta coisa tão complicada que é a vida nunca me pareceu ter sentido.

A realidade da reencarnação e das vidas passadas ficou completamente clara para mim numa tarde fria e chuvosa há quase 40 anos. Eu era uma mestra hipnotizadora nessa época e estava no meu consultório durante uma sessão com um cliente que queria ajuda para um problema de obesidade, quando, de repente, ele pareceu escapar para longe de mim. Começou a falar sobre o Egito e a construção das pirâmides usando verbos no presente, como se estivesse apenas me visitando durante o horário de almoço no canteiro de obras da construção das pirâmides. Em seguida mergulhou em uma longa e apaixonada dissertação em um linguajar ininteligível. Meu extenso treinamento em hipnose tinha me ensinado que pode ser muito prejudicial interferir ou interromper um paciente que pareça estar experimentando algum tipo de episódio psicótico. Por isso deixei que prosseguisse, continuando a falar com ele calmamente, certificando-me de que não estava conduzindo seus pensamentos. Depois de cerca de meia hora, tão de repente quanto tinha "escapado", ele "voltou", de novo o homem tímido e agradável que chegara ao meu consultório.

Quando a sessão acabou, tive certeza de que em nenhum momento fiz a menor insinuação ou sugestão que pudesse levar meu cliente a falar outras línguas ou assumir a identidade de um egípcio construtor de pirâmides. Enviei uma gravação da sessão a um professor amigo meu, mas não disse uma palavra sobre o conteúdo da fita, apenas pedi a ele que a ouvisse e me dissesse o que pensava.

O professor me ligou três dias depois e eu podia perceber a enorme excitação em sua voz ao me perguntar: "Onde foi que arranjou essa fita?" E prosseguiu dizendo que a tinha ouvido e analisado com colegas durante três dias. Todos concluíram, impressionados, que o que me parecia um "linguajar ininteligível" era na verdade a fala muito fluente de um antigo (século VII a.C.) e obscuro dialeto assírio que consistia de ideogramas, quase como uma escrita cuneiforme falada.

Espiritualmente, eu já estava convencida de que a reencarnação existia. Aquela sessão de hipnose aguçou meu apetite para transformar a crença em ação. Conversei com meus colegas hipnotizadores da Fundação Nirvana para Pesquisas Mediúnicas, que fundei em 1974, com meus amigos médicos da comunidade psiquiátrica e sugeri que estudássemos e usássemos técnicas de regressão a vidas passadas clinicamente aprovadas em sessões futuras de hipnose, com permissão de nossos clientes, e meticulosamente gravássemos qualquer indício de vidas passadas que se revelasse – se é que haveria algum.

Já realizei milhares de regressões a vidas passadas através da hipnose desde então, assim como meus colegas. Nunca fiz sugestões ou perguntas que induzissem e sempre deixei os clientes fornecerem 100% da informação nas sessões. Dizer que os resultados são absolutamente conclusivos é um eufemismo. As memórias de nossas vidas passadas estão armazenadas com detalhes ricos e assombrosos na mente espiritual do subconsciente, apenas esperando para serem destrancadas e expressadas.

Um dia, durante uma regressão, enquanto um cliente sob hipnose estava descrevendo uma encarnação anterior na cidade de Richmond, antes da Guerra Civil, eu por acaso perguntei: "Qual é o propósito da sua vida?" Sem um momento de hesitação, ele respondeu: "Eu estava aqui para aprender a ser um construtor." A resposta veio tão rápida e tão segura que eu a anotei. Naquela noite sugeri a outros hipnotizadores que fizessem a mesma pergunta a seus clientes, sem entrar em detalhes nem guiá-los, para ver o que acontecia.

Eles fizeram isso e as respostas que obtiveram foram tão rápidas e seguras quanto a que eu tinha recebido. Passamos a fazer aquela pergunta e manter registros tanto escritos quanto gravados das respostas. Descobrimos semelhanças notáveis entre essas respostas enquanto prosseguíamos com milhares de novas regressões. Os mesmos 44 "propósitos de vida" se repetiam sem parar. Após anos de perguntas, estudos, pesquisas e conversas com minha Guia Espiritual, nosso trabalho resultou no desenvolvimento do que eu chamo de *temas de vida.*

Temas de vida

A percepção de que os clientes eram capazes de identificar de imediato os propósitos de suas vidas passadas nos levou à conclusão óbvia de que os temas de nossas vidas presentes devem ter a mesma importância e merecem ser identificados. Quando compomos nossos projetos do Outro Lado, escolhemos dois desses 44 temas para nossa próxima existência na Terra – um tema primário, que é o que somos, e outro secundário, que é aquilo que estamos aqui para trabalhar. Numa analogia simples, pense nisso como o planejamento de uma viagem. O tema primário é o objetivo básico de viajar do ponto A ao ponto B. O tema secundário é o maior obstáculo que vamos ter que superar ao longo do caminho. O projeto é o mapa rodoviário detalhado da rota que pretendemos tomar.

Todos chegamos aqui com um tema de vida primário e outro secundário. Descobrir o que são é um exercício valioso para esclarecer e simplificar nossas vidas – e sou a favor de ficarmos atentos e aproveitarmos cada oportunidade que surgir para isso. Ter um quadro de referência para o itinerário "básico" desta vida pode nos ajudar a seguir no caminho certo e reconhecer as dificuldades recorrentes.

Como discutimos no capítulo 1, a razão de deixarmos o Outro Lado para virmos para cá de tempos em tempos é aprender e também experimentar e superar a negatividade. Portanto, nem sempre escolhemos um tema de vida fácil e, além disso, muitas vezes escolhemos um tema primário e um secundário que entram em conflito, para realmente nos desafiar.

Ao ler esses 44 temas de vida e as breves descrições de cada um, preste bastante atenção às suas próprias reações. Não duvido que seu espírito vá ressoar com um sonoro "Sim, é isso o que eu sou!" quando você reconhecer seu tema primário. Você pode obter uma resposta mais sutil ao querer descobrir o tema secundário, mas deve procurar alguma coisa que, apesar de tê-lo atraído, pode surpreender até as pessoas mais próximas a você. Se é alguma coisa que iria complicar o seu tema primário ou mesmo torná-lo impossível, há uma grande chance de que seja mesmo o seu tema secundário e exatamente o desafio que você escolheu.

Analista: Os analistas precisam examinar os detalhes intrincados de como e por que as coisas funcionam. São extremamente valiosos para a ciência e outras áreas técnicas. O medo de não ver ou não perceber alguma coisa pode tornar difícil para eles relaxar, confiar em seus instintos e se afastar o suficiente para enxergar o quadro geral.

Ativador: Os ativadores estão aqui para fazer o que os outros deixaram de lado. São reparadores de problemas e ficam gratificados por completar a tarefa que têm pela frente, não importando se é pequena ou grande. Os ativadores têm que tomar cuidado para não querer abraçar o mundo com as pernas.

Buscas estéticas: As pessoas com um tema estético são movidas por uma necessidade inata de criar alguma forma de beleza artística – música, teatro, literatura, escultura, pintura, coreografia, artesanato, etc. Isso pode levá-las a ter fama, o que será agradável se o tema secundário for compatível, mas pode ser trágico se os temas estiverem em conflito. Judy Garland, Vincent van Gogh e Marilyn Monroe são exemplos de uma "busca estética" primária em conflito não-resolvido com um tema secundário.

Carregador de bandeiras: Na linha de frente das batalhas contra o que consideram injustiças, os carregadores de bandeiras farão piquetes, manifestações e qualquer coisa necessária à idéia que fazem do que seja lutar "o bom combate". O desafio é aprender que podem atingir seus objetivos mais efetivamente com tato e moderação do que com fanatismo.

Catalisador: Como o nome sugere, os catalisadores geram movimento e agitação, são aqueles que fazem as coisas acontecerem e transformam a inatividade em ação. São enérgicos, entusiastas e parecem se superar especialmente nas situações estressantes. Sentem-se vazios e deprimidos se não tiverem um objetivo a vencer e conquistar.

Construtores: Construtores são o "vento sob as asas" da sociedade, as engrenagens freqüentemente invisíveis porém essenciais que mantêm girando as rodas das realizações. Os construtores não são aqueles que entram no palco para receber um prêmio, e sim os que pavimentaram o caminho até lá. Podem se sentir pouco apreciados por não receberem o crédito a que têm direito, mas precisam lembrar que as recompensas do construtor residem no avanço acelerado do espírito no seu caminho rumo à perfeição.

Controlador: Os mais bem-sucedidos controladores são os que assumem todas as tarefas de supervisão e delegação com sensatez, discrição e incentivo. Os menos bem-sucedidos são os que se sentem compelidos a ditar e julgar cada detalhe das vidas daqueles que os cercam. Ironicamente, o maior desafio para o controlador é o *autocontrole.*

Cura: Aqueles que escolheram este tema são atraídos para profissões de cura física ou mental – mas não necessariamente. O tema escolhido pode se expressar de inúmeras formas, todas elas envolvendo a diminuição da dor e a melhoria do bem-estar de uma vida. É imperativo que aqueles que curam aprendam a se proteger da empatia excessiva em relação aos que estão tentando curar e a dosar o ritmo para evitar uma sobrecarga dos problemas estressantes.

Defensor de causas: Se não existir uma questão social para defender, o defensor de causas criará uma. Ele é o general que comanda os carregadores de bandeiras – ativo e apaixonado em seus esforços por um mundo melhor, ele se expressa em voz alta, às vezes à custa da sua própria segurança e da dos outros. No seu extremo mais indisciplinado, o defensor de causas corre o risco de lutar para obter mais destaque para si mesmo do que para a causa que promove.

Emotividade: As pessoas nascidas com este tema têm uma capacidade extraordinária para sentir o auge da alegria, a mais profunda depressão e cada gradação intermediária de emoção. Sua sensibilidade é tanto uma dádiva quanto um fardo, e elas precisam reconhecer a importância do equilíbrio em suas vidas.

Espiritualidade: As pessoas cujo tema é a espiritualidade passam a vida buscando ardentemente seu próprio centro espiritual, ou como profissão ou através de uma constante procura pessoal. Quanto mais pesquisam, mais descobrem novos territórios a examinar. Atingindo o extremo mais alto do seu potencial, o tema da espiritualidade cria inspiração, compaixão, previdência e tolerância infinitas. No extremo mais baixo, ele pode se manifestar em uma mente estreita, sob a forma de julgamentos severos e do perigoso isolamento do fanatismo.

Experimentador: Os experimentadores insistem em provar toda busca ou estilo de vida que por acaso lhes chame a atenção. Irão seguir sem rumo, gerenciando uma loja, participando de uma escavação arqueológica no Peru ou experimentando ser um artista de rua, não por falta de objetivo, mas pela necessidade de levar a vida como uma série de participações em eventos. O maior obstáculo para um experimentador é a condescendência excessiva consigo mesmo, que pode chegar à beira da irresponsabilidade.

Falibilidade: O tema da falibilidade é assumido por aqueles que nascem com alguma deficiência física, mental ou emocional. Os que escolhem este tema são espíritos extraordinários que, quando se sentem desencorajados, precisam lembrar que estão fornecendo um exemplo inspirador para todos nós ao enfrentar e superar seus obstáculos.

Guerreiro: Os guerreiros são destemidos e dispostos a assumir riscos. São nossos soldados, pioneiros, astronautas, bombeiros e inúmeros outros heróis anônimos que têm a coragem de se oferecer para enfrentar um desafio físico, moral e/ou espiritual, na linha de frente das guerras contra o crime, as drogas, os desastres naturais, e para explorar os vastos mundos não conquistados do espaço. Sem direção, a agressividade do guerreiro pode ser destrutiva. Mas quando bem dirigidos, especialmente com um tema secundário humanitário, eles podem fazer contribuições históricas de significado global.

Harmonia: Paz, calma e tranqüilidade não são apenas as principais prioridades das pessoas cujo tema é harmonia: são as *únicas* prioridades. Para mantê-las, essas pessoas chegarão a qualquer extremo. Do lado positivo, são maravilhosamente cooperativas e podem ter um efeito calmante em situações caóticas. Do lado negativo, podem achar muito difícil aceitar os inevitáveis solavancos, contusões e estresses que a vida tem a oferecer e se ajustar a eles.

Humanitário: Por definição, nascem para se dedicar à humanidade. Em vez de lidar com os erros e as inquietudes através de manifestações e protestos, os humanitários passam à frente dos manifestantes para alimentar os famintos, alojar os desabrigados, cuidar dos feridos, ensinar aos que não têm instrução e combater de frente os males do mundo. Eles enfrentam um duplo desafio: saber que existe uma quantidade infinita de trabalho a fazer e saber quando e como parar e evitar seu próprio desgaste.

Infalibilidade: Este tema é exemplificado por pessoas que parecem ter nascido com tudo: boa aparência, talento, inteligência, privilégio, esperteza, graça, etc. Acredite se quiser, o tema delas pode ser mais difícil que o normal. Seus problemas quase nunca são levados a sério. Os outros se ressentem delas, e elas podem se sentir pouco dignas por não terem tido que lutar por seu lugar privilegiado na sociedade. Não é raro que sejam atraídas por excessos, como obesidade, promiscuidade e vários tipos de abuso, quase como se estivessem tentando equilibrar a balança criando dificuldades com as quais não nasceram. Como receberam muitas coisas de bandeja, podem se sentir emocionalmente incapazes em situações que desafiem seu caráter.

Intelectualidade: A melhor expressão desta sede suprema de conhecimento é a pessoa que estuda ao longo da vida e continuamente usa seu patrimônio intelectual para informar, melhorar, nutrir e expandir a vida na Terra. A pior expressão deste tema são as muitas versões do "estudante profissional", cujo único propósito é o objetivo egoísta do conhecimento pelo conhecimento, armazenado em vez de compartilhado, que não tem utilidade para ninguém além daquele que o possui.

Interpretação: As pessoas que escolhem este tema podem seguir carreiras na área do entretenimento, mas são igualmente capazes de se satisfazer em menor escala como a alma da festa, do escritório ou da sala de aula. São alimentadas pelos refletores, não importando o tamanho deles. Com freqüência formam suas opiniões sobre si mesmas através dos olhos dos outros, que precisam combater, reservando um pouco de sua energia para a introspecção e aprendendo a fornecer seu próprio sustento espiritual e emocional.

Irritante: Você não acha espantosa a quantidade de pessoas que parecem ter escolhido um tema difícil como este? Os irritantes são os pessimistas constantes e deliberados, os achadores de defeitos, aqueles que estão sempre reclamando de tudo. São muito úteis para nos ensinar paciência, tolerância e recusa a nos entregarmos à negatividade, ao mesmo tempo que lutam para superar a mesma negatividade que o tema escolhido exigiu que abraçassem.

Justiça: As pessoas cujo tema é justiça estão em uma ativa e incessante busca de correção e igualdade. Alguns dos maiores ativistas, como o reverendo Martin Luther King, são exemplos refinados do tema da justiça na sua melhor expressão. Tristemente, na pior, quando ele é mal dirigido, essa paixão por corrigir coisas erradas pode resultar em caos, anarquia e patrulhamento.

Legalidade: O cumprimento, a prática e o ensino da lei estão entre as expressões profissionais deste tema, que gira em torno de uma preocupação com a salvaguarda da linha que separa a legalidade da ilegalidade. Aqueles que nasceram com este tema são servidores públicos devotados que ajudam bravamente a manter a ordem e o equilíbrio neste mundo. Mas se forem corrompidos, abusando de seu poder, tornam-se um insulto ao tema que escolheram.

Líder: As pessoas com este tema podem ser muito dotadas na habilidade de liderança, mas quase nunca são inovadoras, preferindo atuar em áreas já estabelecidas – por exemplo, advogados que gravitam em torno de casos altamente divulgados e prosperam com a visibilidade resultante, em vez de devotar sua capacidade para obter mudanças significativas no sistema judiciário. A melhor forma de aperfeiçoar este tema seria deixar de ter o sucesso como prioridade, usando sua liderança na exploração de fronteiras novas e socialmente mais relevantes.

Manipulador: Este tema é poderoso e não necessariamente negativo. Os manipuladores tratam suas vidas e as das pessoas ao redor como se estivessem diante de um tabuleiro de xadrez e fossem o único jogador. São capazes de controlar tudo em seu próprio proveito, muitas vezes com talento notável. Quando este tema é devotado ao bem maior centrado em Deus, o manipulador pode ter um impacto positivo sobre a sociedade. Quando o tema é corrompido, os manipuladores ficam absorvidos demais em si mesmos para se preocuparem com o bem-estar dos outros e se concentram no próprio proveito, obtido às custas dos demais.

Mediunidade: As pessoas cujo tema é a mediunidade muitas vezes escolhem passar a infância em ambientes repressores, onde sua habilidade para captar coisas além dos sentidos "normais" de percepção é vista com severa desaprovação. O progresso em uma vida com tema mediúnico é aprender a aceitar essa habilidade não como um fardo, mas como uma dádiva, e colocá-la em uso da maneira mais elevada, menos egoísta e mais espiritual.

Paciência: Este é um dos temas mais desafiadores, já que a paciência requer um esforço constante em um mundo onde a impaciência reina. A escolha deste tema indica uma ansiedade por se mover mais rapidamente na jornada do espírito rumo à perfeição do que a de alguém que escolheu um tema menos difícil – em outras palavras, a paciência, de certa forma, indica uma *impaciência* espiritual. Aqueles que têm este tema lutam para não reagir asperamente ao estresse, enfrentando muitas vezes o sentimento de culpa por ocasionais lapsos nos esforços rumo ao seu objetivo e pela raiva que acreditam precisar superar devido ao seu tema. Reconhecer o desafio que têm pela frente pode ajudá-los a ser mais compreensivos consigo mesmos.

Pacificador: Ao contrário dos temas da passividade e da harmonia, o tema do pacificador costuma ser acompanhado de uma quantidade surpreendente de agressividade – os pacificadores podem ser completamente autoritários em seu zelo por eliminar a guerra e a violência. Sua dedicação à causa da paz é muito maior do que sua lealdade a qualquer grupo ou país e eles não se opõem a conquistar um pouco de celebridade quando se engajam em causas nobres e notáveis.

Passividade: Pessoas passivas são às vezes consideradas fracas, quando seriam descritas com mais precisão como sendo especialmente sensíveis a abalos emocionais. Elas têm opiniões, mas as expressam com mais eficácia em debates sem confronto, e quando assumem uma posição são estritamente não-violentas. Lidar com extremos é difícil para os que têm por tema a passividade, mas uma certa tensão pode ser valiosa para estimulá-los à sua forma de ação.

Peão: Os peões são essenciais ao progresso do espírito universal, já que seu papel é servir como o pavio que detona alguma coisa de grande magnitude, seja positiva ou negativa. Talvez o exemplo histórico mais clássico de um peão seja Judas, cuja traição a Cristo foi um elemento crítico para o nascimento do cristianismo. As pessoas que escolheram o tema do peão, embora importantes de certa forma, têm que estar vigilantes para se alinhar apenas às causas mais merecedoras e voltadas para o amor.

Perdedor: O tema do perdedor é essencialmente o da falibilidade sem as deficiências físicas, mentais ou emocionais. As pessoas nascidas com este tema têm muitos talentos e boas qualidades, mas insistem em não percebê-los por estarem determinadas a sentir pena de si mesmas. Procuram chamar a atenção sendo mártires, e se não houver melodrama em suas vidas irão criá-lo. Como os irritantes, elas podem nos ajudar, fazendo-nos ser mais positivos e levando-nos a desaprovar seu comportamento, sem no entanto julgá-las.

Perseguição: Este é outro tema extraordinariamente difícil, pois o perseguido costuma estar sempre preparado para a pior possibilidade. Também está convencido de que foi escolhido de alguma forma para ter um azar especial e atrair atenção negativa. A felicidade o assusta porque ele tem certeza de que terá que pagar muito caro por ela ou de que ela pode lhe ser tirada a qualquer momento. Superar o tema da perseguição requer uma enorme força, mas a recompensa por essa superação é um notável avanço espiritual.

Perseguidor: Os perseguidores típicos são sociopatas agressivos que se autojustificam, que são capazes de praticar violência e até de matar sem culpa nem remorso, e sem o fator atenuante de uma doença mental ou emocional. Obviamente, é quase impossível compreender o propósito deste tema no escopo de uma única vida. Mas, sem querer, eles podem testar, desafiar e fazer progredir nossas leis, nosso sistema judiciário, nossas técnicas forenses, nossas fronteiras morais, nossa consciência social e a unidade do gênero humano.

Pobreza: O desafio do tema da pobreza é evidente. Predominante nos países do terceiro mundo, ele talvez seja ainda mais difícil em países abastados, onde o contraste com a riqueza é capaz de parecer um deboche e um desequilíbrio injusto. Mesmo os privilegiados podem exibir um tema de pobreza, com um sentimento perpétuo de que nada é suficiente, não importa o quanto tenham. A capacidade de suportar, a esperança, a luta pela sobrevivência e uma compreensão maior da irrelevância universal dos bens materiais podem lhes fornecer um esplêndido crescimento espiritual.

Rejeição: O tema da rejeição é outro extraordinariamente difícil, cuja origem está em geral no isolamento ou abandono na mais tenra infância e cuja tendência é seguir com os mesmos padrões ao longo da fase escolar, da idade adulta e dos relacionamentos. Por mais duro que seja, o desafio consiste em reconhecer a rejeição não como um fardo fora do seu controle, mas como um tema escolhido especificamente para que se aprenda que um espírito pleno e autoconfiante não depende da aceitação ou rejeição dos outros para tomar posse de sua identidade.

Responsabilidade: Aqueles que escolheram a responsabilidade a abraçam não como uma obrigação, mas como uma forma de alimento emocional. Encontram alegria em realizações ativas e práticas e sentem-se culpados quando não agem para resolver algo que precisa ser feito. Seu desafio é desenvolver o altruísmo para não absorver todas as tarefas e lembrar que as pessoas ao seu redor também precisam assumir responsabilidades e querem tomar parte na execução de alguma coisa.

Salvador: Você certamente já viu um salvador em ação – alguém que gravita em torno de vítimas, querendo ajudá-las e salvá-las, mesmo quando a vítima obviamente criou sua própria crise e/ou não tem nenhum desejo especial de ser salva. Os salvadores se mostram mais fortes na presença dos mais fracos e são altamente empáticos. Se não conseguir manter uma distância emocional segura daqueles que está tentando salvar, o salvador pode acabar se tornando vítima.

Seguidor: Os seguidores são tão essenciais para a sociedade quanto os líderes, já que sem eles *não haveria* líderes. Oferecer um apoio forte e confiável pode ser a maior e mais generosa contribuição de um seguidor nesta Terra. Mas ele deve sempre se lembrar da importância de escolher cuidadosamente quem e o que seguir.

Sobrevivente: De um modo geral, todos parecemos ter um tema de sobrevivência. Mas para aqueles que escolheram este tema a vida é uma luta implacável e contínua, uma coisa a ser suportada apesar dos permanentes obstáculos. Normalmente os sobreviventes se destacam em situações de crise, mas têm problemas para distinguir entre uma crise verdadeira e sua visão amarga dos desafios comuns do dia-a-dia.

Solitário: Os solitários podem muitas vezes ser ativos e visíveis, mas tendem a escolher carreiras e estilos de vida que lhes permitam ficar isolados. Ficam contentes sozinhos, usualmente apreciam a própria companhia e com freqüência lutam para superar o sentimento de estarem sendo sugados e invadidos quando outras pessoas passam tempo demais no seu espaço.

Temperança: O tema da temperança é tipicamente acompanhado por um vício a ser enfrentado e superado. Mesmo se o verdadeiro vício nunca se manifestar, as pessoas que escolhem este tema têm que lutar contra um constante senso de vulnerabilidade a um vício potencial, seja uma droga, o sexo, um estilo de vida ou outra pessoa. Elas também têm que evitar o oposto extremo que é se tornarem fanática ou patologicamente repelidas por aquilo que percebem como um vício potencial. A chave para o progresso no tema da temperança é a moderação.

Tolerância: A pessoa com este tema sente-se compelida a encontrar uma maneira de tolerar até o intolerável. Obviamente, isso pode se tornar um fardo tão insustentável que a pessoa termina concentrando toda a sua energia na única área que ela se sente capaz de tolerar com mais facilidade, estreitando sua mente e se esquecendo de todo o resto. Seu crescimento vem ao reconhecer que este tema pode causar uma visão pouco realista do mundo e ao aprender que só vale a pena ser magnânimo quando o alvo é digno.

Vencedor: Este tema difere do da infalibilidade porque os vencedores têm uma compulsão ativa por conquistar e triunfar. São otimistas perpétuos, sempre acreditando que o próximo negócio, o próximo relacionamento, o próximo lance de dados, o próximo bilhete de loteria, o próximo emprego e até o próximo casamento serão exatamente aqueles pelos quais estavam esperando. Na sua forma mais refinada, o otimismo infalível do vencedor e sua habilidade para se reerguer após cada fracasso e seguir com confiança são inspiradores e estimulantes. Mas, se perder o contato com a realidade, o vencedor pode dilapidar seu dinheiro, sua segurança e sua vida com um excesso de decisões impetuosas, indisciplinadas e mal informadas.

Vítima: Por definição, estes são os cordeiros do sacrifício e seu propósito entre nós é colocar em evidência a injustiça e nos inspirar a tomar atitudes e criar mudanças para melhorar a situação. Crianças maltratadas e assassinadas, as vítimas de crimes de ódio, as pessoas condenadas erroneamente por crimes violentos e depois libertadas estão entre aqueles cujo tema de vítima tem por objetivo o bem maior.

O que causa vítimas: Estes estão aqui para procurar e alcançar o controle absoluto sobre o maior número possível de vítimas, com o propósito de se cercarem o tempo todo de provas visíveis do seu poder. A vontade e os sentimentos das vítimas não têm sentido a menos que estejam em perfeito acordo com os seus, e a única compaixão de que são capazes é dirigida ao próprio ego hipersensível e insaciável. No lado negativo, eles são os amantes ou cônjuges controladores, os pais patologicamente superprotetores, etc.

Identificar nossos temas de vida primário e secundário pode clarear os caminhos que escolhemos. Saber que fomos nós que os determinamos ao traçar nosso projeto de vida, em vez de recebê-los ao acaso, nos dá um enorme conforto. Não podemos mudá-los porque são escolhas que fizemos do Outro Lado, baseadas não apenas no que queremos trabalhar, mas também no que já experimentamos em vidas passadas. Mas podemos lutar para aperfeiçoá-los no que têm de mais positivo e superá-los nos seus aspectos mais negativos ou destrutivos.

Marcas de nascença

Os temas de vida são apenas uma faceta da pesquisa que tive a alegria de desenvolver durante regressões hipnóticas a vidas passadas. Outra área que veio à luz mais recentemente é o estudo fascinante das marcas de nascença. O crédito do meu interesse sobre o significado dessas marcas deve ir para um amigo neurologista, cuja curiosidade e amor pela pesquisa são tão insaciáveis quanto os meus. Ele estava convencido de que as marcas de nascença não são sempre casuais ou simples acidentes genéticos, e vinha tentando, sem sucesso, estabelecer uma conexão entre marcas de nascença e certas doenças congênitas. Francamente, até aquela conversa eu nunca tinha parado para pensar em marcas de nascença. Mas ele tinha tanta certeza de que as marcas possuíam um significado que me encorajou a tentar descobrir alguma pista através das sessões e regressões a vidas passadas.

Posso dizer honestamente que eu não tinha nenhuma expectativa quando comecei a explorar o assunto. Recebi um cliente para hipnose na manhã seguinte com uma atitude cética, mas mantendo a mente aberta. É comum que eu pergunte a um cliente, durante uma regressão, sobre qualquer ferimento sério ou doença que ele tenha tido naquelas vidas e como aquela vida terminou. Mas naquela vez, quando o cliente estava completamente "acordado" ao final da sessão, perguntei se por acaso ele tinha alguma marca de nascença. Ele confirmou e suspendeu a calça para me mostrar uma marca de nascença avermelhada na parte de trás da batata da perna direita, cerca de sete centímetros abaixo do joelho. Fiquei chocada.

Quando expliquei a razão da minha reação e toquei uma parte da gravação de sua regressão, ele acabou olhando para sua marca de nascença com o mesmo espanto. Ele descrevera como, na vida anterior, tinha sangrado até a morte, depois de levar uma facada "na parte de trás da perna direita, uns cinco ou sete centímetros abaixo do joelho". No lugar exato da sua marca de nascença.

Repeti a mesma experiência diversas vezes e constatei que nove em cada dez clientes nasceram com algum tipo de marca visível que corresponde exatamente a um ferimento em uma vida passada ou a uma causa de morte não-natural.

Uma mulher cujas mãos foram cortadas durante sua vida anterior nos terríveis dias da caça às bruxas nasceu nesta vida com nítidas linhas vermelhas circundando ambos os pulsos. Um homem que tinha uma mancha marrom no meio do peito morrera no final do século XVII quando uma lança atravessou sua armadura. Outro homem que foi enforcado tinha uma acentuada marca de nascença branca do lado do pescoço.

Pensando bem, não sei por que fiquei tão surpresa. No capítulo 4, falei sobre a memória celular – a habilidade que nossas células têm de reter as informações das vidas passadas. Portanto, faz todo o sentido do mundo que nossos corpos carreguem algum tipo de evidência física de um ferimento traumático ou fatal em uma vida anterior.

Minha neta Angelia, de seis anos, fornece uma variação da conexão entre vidas passadas e marcas de nascença. Ela é a reencarnação de minha adorada vovó Ada, que era médium e morreu quase 40 anos antes de Angelia nascer. Nunca dissemos a Angelia que ela é a vovó Ada. Nunca foi preciso. Ela é jovem e médium o bastante para ter memórias vívidas de sua vida como minha avó.

Do lado interno do antebraço direito de vovó Ada havia uma marca de nascença muito sensível ao toque. Eu tinha oito ou nove anos quando ela me contou que tinha relação com uma queimadura grave com um atiçador de lareira em uma vida passada. Angelia nasceu com uma marca de nascença idêntica, exatamente no mesmo lugar, só que do lado *externo* do antebraço direito. Essa é uma indicação de que o espírito está no processo de eliminar aquela queimadura tão antiga, já que a "cicatriz" se moveu do interior para o exterior do braço e, em Angelia, não causa desconforto quando é tocada.

Como descobrir suas próprias vidas passadas

Não há dúvida de que de inúmeras maneiras nossas vidas passadas podem fornecer chaves úteis para uma compreensão maior da nossa vida atual. Também não há dúvida de que você pode ser guiado às suas vidas passadas por um hipnotizador sério, especializado em regressões, e/ou um médium.

Com paciência, persistência e mantendo a mente aberta, você pode guiar a si mesmo nessa excitante e esclarecedora jornada por onde e quem você já foi. Lembre-se, todo o conhecimento de suas vidas passadas está armazenado em sua memória espiritual, que permanece viva no seu subconsciente. Para revelar este conhecimento, você precisa seguir as instruções e, então, trabalhar para destrancar a pesada porta.

Algumas sugestões antes de começarmos:

Insisto que você grave o texto das páginas seguintes ou peça isso a um amigo cuja voz você ache reconfortante. Sinta-se à vontade para tocar alguma música instrumental tranqüila ao fundo, para ajudar você a se concentrar na fita enquanto a ouve e criar uma atmosfera de beleza e paz para a jornada que está prestes a empreender. Faça as pausas necessárias entre as instruções e as perguntas.

Se em qualquer ponto desta jornada você se vir parado ou diante de uma barreira inesperada que não consegue atravessar, relaxe! Você vai conseguir na próxima vez que tentar ou nas seguintes. Lembre-se, não há pressa, e, como tantas outras experiências novas, quanto mais praticar, menos inibido você vai ficar e mais livre e confiante vai se sentir. Por isso, por favor, seja paciente consigo mesmo.

Pode haver momentos, enquanto volta no tempo, em que você vai sentir que não está apenas lembrando um evento, e sim revivendo aquilo tão claramente que fica assustado ou sente dor. Se isso acontecer, dê um passo atrás, relaxe e depois se aproxime novamente mantendo uma certa distância, de forma a estar apenas observando. Repita para si mesmo que os eventos que está relembrando fazem parte do passado, assim como qualquer dor ou medo que possam ter causado.

Se isso não o inibir, não hesite em ter um amigo por perto para tomar notas enquanto você faz essa viagem. Não é raro, depois que volta, esquecer algumas das coisas que você disse, viu e sentiu, e eu não quero que nenhuma parte da sua mente esteja preocupada tentando lembrar de tudo enquanto você prossegue.

Esta experiência requer espontaneidade. Seu lema durante toda a viagem é: "Não pense! Não censure! Diga apenas o que lhe vier à mente!"

E por fim, eu garanto, empreender esta viagem é absolutamente seguro. Não existe nenhum perigo de não ser capaz de achar o caminho de volta no instante que quiser.

A jornada às suas vidas passadas

Sente-se em um lugar sossegado onde não haja interrupção. Coloque os pés no chão e deixe as mãos abertas descansarem sobre as coxas, com as palmas para cima, prontas para receber a divina energia e a graça de Deus.

Peça a Deus para cercar você com a luz branca do Espírito Santo. Sinta o calor amoroso dessa luz em torno do seu corpo, absorvendo suas preocupações e problemas no brilho purificador e curativo do seu poder.

A luz acaricia seus pés. Cada músculo relaxa ao seu toque: as solas dos pés... os dorsos... cada dedo, um por um, liberando a dor e a tensão... acalmando... tranqüilizando... sem pressa... as células relembrando sua idade mais saudável e vigorosa e retornando a ela enquanto a luz se move lentamente para cima...

Os tornozelos, as canelas, os joelhos estão relaxando, liberando, rejuvenescidos... sem tensão... sem estresse... o sangue circula livre e saudável, trazendo oxigênio, trazendo vida. Sua respiração se torna mais lenta, mais profunda, mais ritmada, enquanto a luz continua a subir...

Pelas coxas, pelas nádegas, pelo abdômen... limpando... acalmando... retirando toda a dor, nutrindo cada órgão, cada músculo, cada veia, cada célula... Respirando profundamente, sem esforço, num ritmo suave, cada expiração se tornando uma liberação divina e curativa...

A luz branca do Espírito Santo massageia o estômago, o peito, os ombros, e o relaxamento se torna sua própria força energética, seguindo em ondas através dos órgãos, músculos e ossos até a espinha, que é a linha de vida do corpo, centímetro por centímetro, numa lentidão abençoada, uma purificação amorosa e terna de toda a negatividade, todos os fardos...

Desce pelos braços, os pulsos, as mãos, os dedos... liberando, relaxando... você respira calma e facilmente... você se sente leve, seu ser cheio de vida, livre de estresse... músculo por músculo, tendão por tendão, dedo por dedo... sem pressa... sem preocupações... nenhuma tensão... tão contente...

A luz sobe pelo pescoço, absorvendo toda a tensão, os músculos e nervos vão relaxando, aliviados... a cabeça, as têmporas... respirando com ritmo... os olhos fechados... a luz branca acalmando, mãos divinas invisíveis pousando sobre cada traço do rosto... a boca relaxando... a testa... o nariz... as rugas se atenuando... a mandíbula soltando... a pele suavizando... o sangue correndo, purificando e limpando...

A respiração se aprofunda. Com os olhos ainda fechados, olhe para o seu nariz, contando até 20... não mais do que isso, para que você não adormeça...

Agora... com os olhos fechados, respirando lentamente, num ritmo suave, viaje de volta em sua mente até a idade de 20 anos... um aniversário, o Natal, seu casamento, seu primeiro emprego, qualquer evento ou dia especial... Se nenhum dia em particular se manifestar e os detalhes não vierem diretamente, pergunte gentilmente a si mesmo, sem pressão: "Eu sei que já tive 20 anos. O que estava acontecendo em minha vida naquela época?"

Se nada surgir desta vez, será na próxima... Onde você vivia, o que estava fazendo, quem vivia com você, que carro você ou a família tinha, algum detalhe, grande ou pequeno, não importa, irá abrir-se finalmente como uma flor para revelar uma cena inteira, clara como um filme, tão vívida como se estivesse acontecendo agora... Olhe em volta, perceba cada cor, cada aroma, o que você está vestindo, como se sente... Se a lembrança é alegre, reviva a sensação... Se é uma lembrança que perturba você, apenas observe... Não há pressa... Fique o quanto quiser, explorando a realidade de ter 20 anos novamente... Depois diga para si: "Que qualquer negatividade, consciente ou inconsciente, que eu esteja carregando desde os 20 anos seja resolvida na luz branca do Espírito Santo, ao longo da minha vida espiritual feliz, saudável, produtiva e inovadora..."

Agora continue em sua jornada até a idade de 10 anos, quando sua verdadeira identidade começa a tomar forma... Outro Natal, outro aniversário, o primeiro dia de aula, o encontro com um novo amigo, um dia especial em um acampamento, qualquer dia para o qual você consiga encontrar o caminho, e repetindo o mesmo processo se nada acontecer... Em que série você está, em que escola, quem era seu professor, quem sentava ao seu lado na classe, onde você morava?... Seja paciente... Deixe que a lembrança venha no seu próprio ritmo, e outra cena, outro filme vívido irá finalmente se revelar... Explore-o, perceba tudo... Reviva o que foi alegre e apenas observe o que foi triste... Esta é a sua jornada, você se sente em total segurança e no comando, nenhuma dor ou medo pode interferir... Repita, como antes: "Que qualquer negatividade, consciente ou inconsciente, que eu esteja carregando desde os 10 anos seja resolvida na luz branca do Espírito Santo, ao longo da minha vida espiritual feliz, saudável, produtiva e inovadora..."

Depois, com paciência, calma e sem pressão, retorne ao momento da sua concepção. Reafirme que pode fazer isso. Você estará apenas usando percepções sensoriais às quais não costuma recorrer. Não pense. Aceite a primeira coisa que vier à sua mente... A lembrança está em seu subconsciente, esperando ser descoberta. Você pode encontrar inicialmente a escuridão. Deixe que isso aconteça. Deixe a escuridão e as imagens se manifestarem no ritmo que a mente as revelar. Lenta, pacificamente, você está viajando pela quietude do útero, desde a concepção até o nascimento, repetindo este importante lembrete: "Se eu encontrar qualquer negatividade, dor ou medo durante o meu nascimento, não quero revivê-los, mas simplesmente observar minha entrada neste mundo."

Agora você está viajando através de um túnel lindo, brilhante e muito tranqüilo, um túnel do tempo, com páginas de um calendário passando por você, impelidas por uma brisa perfumada... para trás, para trás, para trás, as datas nas páginas se tornando cada vez mais antigas... Você prossegue feliz, com disposição e estímulo, rumo à luz pura e branca diante de você... em direção a ela... através dela, sabendo que não há qualquer risco...

Instantaneamente um magnífico brilho de luz violeta envolve você. Essa luz causa uma sensação maravilhosa, você sabe que essa luz violeta em torno do seu corpo está abrindo e aguçando sua consciência...

Um mapa do mundo glorioso e em cores brilhantes aparece em uma tela. Você anda até ele, dizendo: "Onde quer que eu tenha realmente estado antes, através da graça da memória da minha alma, que minha mão seja guiada a esse lugar no mapa." Sem pensar, sem olhar, sem interferir, deixe sua mão tocar o mapa, guiada instintivamente pelo seu espírito.

Você olha para ver onde sua mão pousou sobre o mapa, com fé e confiança, sem questionamentos. Com total aceitação, diga: "Meu espírito se lembra. Meu espírito vai me levar lá, para esse lugar e esse tempo..."

E de repente você está lá, naquele lugar e naquele tempo tão familiares para o seu espírito quanto o lugar e o tempo que você deixou para trás. Com fascinação e energia, você começa a perceber os detalhes...

O que está vestindo?

Se não consegue ver imediatamente, olhe em volta e procure um lugar onde possa ver seu reflexo... um espelho... a vitrine de uma loja... um lago ou um riacho... Vá até lá e descreva o que vê...

Agora, o que você está vestindo...?

Qual é sua altura...?

Como é seu corpo...?

Você é homem ou mulher...?

De que cor é o seu cabelo...? Ele é comprido? Curto?

Você está usando um chapéu, um lenço, ou está com a cabeça descoberta...?

Como são os seus sapatos...?

Não pense! Aceite a primeira resposta. Quanto mais você deixar as respostas fluírem, mais facilmente as descrições virão...

Que ano é esse...?

Quantos anos você tem...?

Quem faz parte da sua família...?

Onde você mora...?

Quem são seus irmãos? Você tem irmãos...?

Quem são seus pais? Ambos estão vivos...?

Aceite a primeira resposta... há alguém perto de você – mãe, pai, irmãos, amigos – que esteja na sua vida atual...? Veja a essência do espírito deles através da aparência física, veja quem realmente são...

Quem são eles em sua vida atual...?

Agora cinco anos se passaram...

Onde você está agora...?

Você está casado...?

Se você tem um cônjuge, como é ele/ela...?

Um por um, descreva seus filhos...

Onde você mora...?

Você tem um emprego? O que faz? Como passa o seu tempo...?

Descreva sua casa e a vista da maior janela...

Você é feliz?... Triste?... Como é seu temperamento?...

Você conhece seu cônjuge ou algum dos seus filhos na vida atual?...

Quem são eles no presente?...

Você está repetindo agora o relacionamento que tinha com eles antes?...

Acredite na primeira coisa em que pensar... Acolha a resposta que vier... Não existem respostas erradas...

Agora...

Vá para o momento em que essa vida terminou...

Você está apenas observando, não está vivendo... Não há medo, você está apenas assistindo a sua própria viagem para o Lar...

Do que foi que você morreu?...

Quem estava com você?...

Foi doloroso?...

Quem veio para receber você?... Você conhece essa pessoa hoje?...

Que doença, ou que marca de nascença, ou que traços daquela morte você carregou para esta vida?...

Pensando naquela vida, qual era o propósito dela? Qual era o seu tema primário? Qual era o secundário? O que você tinha vindo trabalhar e o que você aprendeu...?

Aceite a primeira resposta que lhe vier – qual das suas vidas você acaba de ver? E quantas vidas você já teve?...

Agora, lenta e pacificamente, com a amorosa luz branca do Espírito Santo envolvendo seu ser e com uma rica luz verde de cura, com um tranqüilizante sentimento de bem-estar fluindo através do seu corpo e do seu espírito...

Calmamente, retorne a esta vida, feliz, com seu ser renovado, agradecendo a Deus pela viagem segura e pela reunião com sua própria eternidade. Abra os olhos...

Se você não tem um amigo para anotar suas respostas, registre imediatamente em um diário ou em fita tudo o que se lembrar sobre a experiência que acaba de ter, com o máximo de detalhes possível.

Repita este exercício tanto quanto quiser, com a provável surpresa de retornar a um tempo, um lugar e uma vida diferentes a cada jornada.

Quando você tiver praticado o bastante para se sentir confortável com o processo, pode aprimorá-lo colocando-o a serviço de inúmeros propósitos específicos. Está curioso a respeito da origem de uma marca de nascença, ou doença, ou medo inexplicável? Gostaria de saber se conheceu em outra vida um melhor amigo, o amor da sua vida, ou seu filho? Existe alguém com quem tem muita dificuldade de se relacionar, com quem talvez tenha passado em outra vida por uma experiência negativa que está finalmente tentando resolver? Você deseja superar uma aversão crônica e inexplicada por algum lugar, cultura ou assunto?

Qualquer pergunta que tiver, qualquer curiosidade que quiser satisfazer, pode ser explorada com este mesmo exercício. Apenas diga a si mesmo e a Deus, antes de começar, o que quer saber e então peça ao túnel do tempo para guiá-lo até a vida que tem a resposta, com a luz branca do Espírito Santo cercando e protegendo você a cada passo do caminho.

6

Assombrações — o que são e o que você pode fazer

"Eu não acredito em fantasmas", me disse um cliente uma vez, "mas tive medo deles a vida inteira." Isso resume muito bem a atitude que em geral tenho encontrado desde que comecei a investigar assombrações, em 1974. Algumas dessas "assombrações" acabaram se revelando roedores indisciplinados, fios elétricos com problemas, ilusões de óptica, imaginações delirantes e algumas tentativas lamentáveis de embustes completos. Não é de admirar que as assombrações tenham uma reputação tão ruim.

Mas também encontrei uma boa quantidade de fantasmas, espíritos, impressões e energia cinética muito reais, e encontrei sobretudo afirmação do poder eterno da alma ao aprender o que é cada um e quais são as diferenças entre eles.

Fantasmas

Os fantasmas definitivamente existem. Eu já os encontrei, já falei com eles, até já desenvolvi relacionamentos com alguns. E a coisa mais triste e fascinante que todos têm em comum é que nenhum deles sabe que está morto. Por várias razões, os fantasmas se recusam a transcender para o Outro Lado e insistem em ficar presos à Terra. Em suas mentes confusas e iludidas, sentem-se tão vivos e reais quanto nós. Por estarem agarrados a esta dimensão, são os residentes do mundo espiritual mais fáceis de ver e ouvir.

Uma regra que considero inquebrável é nunca pesquisar demais antes de investigar uma assombração, para que minha objetividade não fique comprometida por alguma expectativa prévia. Quando isso acontece, um médium pode simplesmente imaginar uma visão, a partir de alguns poucos fatos impressionantes pesquisados – e acabar sendo denunciado como farsante. Não quero isso para mim, obrigada.

O Outro Lado e eu tivemos um encontro que eu nunca esqueci, porque ela era provavelmente a fantasma mais assustada e desconsolada que eu já vi. Fui chamada para investigar relatos de passos sem corpo, sombras que se moviam e o eco vago e ocasional de uma mulher chorando pelos corredores de um museu em São Francisco. Ele havia sido construído no local onde antes existia um orfanato dirigido por freiras e eu descobri uma dessas freiras ainda vagando pelos salões do edifício. Sua breve vida fora interrompida por um aborto.

Eu podia imaginar o pesadelo que ela atravessara e implorei que finalmente deixasse tudo acabar na paz e no conforto que o Outro Lado lhe reservava. Ela acreditava em mim, pois afinal se especializara em transcendência e vida após a morte. Mas era exatamente isso que a estava detendo: ela acreditava profundamente que o pecado que cometera era tão imperdoável que perdera o direito de encarar Deus e de pedir a Sua compaixão.

Fui criada na religião católica e pude usar com ela nosso vocabulário comum. Foram necessárias várias visitas, muitas orações e alguns rituais sagrados, mas finalmente Francine e eu restauramos sua fé em si mesma como filha de um Deus perfeito e amoroso e a enviamos, feliz, para a luz.

E agora vem a minha indicação para o prêmio de "Fantasma com Melhor Senso de Oportunidade".

Em outra ocasião, um programa de TV de Los Angeles chamado *Evening Magazine* me pediu para participar de um passeio caça-fantasmas em um lugar estranho e fascinante chamado a Casa de Mistérios de Winchester, concebida no final do século XIX numa colaboração entre Sarah Winchester, herdeira da fortuna gerada pelas armas de mesmo nome, e uma equipe de espíritos que ela contactava todas as noites em sua pequena sala azul para sessões espíritas. Sarah ouvira de um médium que havia uma maldição lançada sobre ela por todos aqueles que tinham sido mortos por um rifle Winchester e que sua única esperança era construir uma casa tão vasta e complexa que os espíritos malignos enviados para executar a punição não pudessem encontrá-la.

Estima-se que a certa altura Sarah e sua equipe noturna de espíritos arquitetos conseguiram ter cerca de 750 quartos construídos, demolidos, reelaborados, reconstruídos e demolidos novamente, tudo com o propósito de mantê-la a salvo da maldição. Ela dormia em um quarto diferente a cada noite, recusava qualquer contato humano, a não ser com suas intermináveis equipes de construtores e zeladores, cercava-se de passagens secretas e alçapões para escapadas rápidas. Apesar disso, não conseguiu evitar a morte, que veio tranqüilamente durante o sono na idade madura e não-amaldiçoada de 85 anos.

A primeira noite que passei na casa escura – a maior parte dela nunca recebeu fiação elétrica – foi movimentada e tensa. Havia inexplicáveis rajadas de vento gelado por toda parte. Um show de luzes frenéticas apareceu, cintilou e desapareceu com a mesma rapidez. Dois enormes globos de um vermelho agressivo e feroz nos enfrentaram em pleno ar antes de explodirem de volta à escuridão. Todos ouvimos os sons de portas abrindo e fechando sozinhas, de passos e correntes sendo arrastadas. Ouvi também música de órgão que ninguém mais escutou até escutarmos, no dia seguinte, a fita que tínhamos gravado naquela longa noite.

Eu pouco sabia sobre a casa quando entrei nela pela primeira vez. Quando um casal de fantasmas e um cachorro labrador apareceram, dizendo que eram os zeladores, tentei imaginar que tivessem ficado para trás após a morte para garantir os trabalhos domésticos. Ela tinha aparência hispânica e seu nome era Maria. Ele era ruivo e ambos usavam roupas da virada do século. Não pareciam ameaçadores, mas não gostavam de ter estranhos na casa de sua patroa.

Sarah Winchester fora uma patroa justa e muito generosa durante os 38 anos que passou naquela casa. Aqueles dois empregados tinham recusado a luz do Outro Lado pela necessidade compulsiva de proteger e preservar a privacidade de sua patroa.

Eu não podia prometer que os dois zeladores apareceriam para a equipe de câmeras de TV que viajara várias horas na esperança de registrá-los em filme. Mas estava torcendo para que eles dessem pelo menos um pequeno susto no apresentador do programa.

Por fim, ele não agüentou mais e decidiu sair da casa. Foi então que o fantasma da própria Sarah Winchester moveu-se, diante dele e das câmeras, numa névoa branca graciosa pelo lado de fora de uma janela do segundo andar, desaparecendo novamente.

No verão de 1978, os empregados e fregueses de uma loja de brinquedos começaram a perceber que alguma coisa muito estranha estava acontecendo. Luzes eram ligadas e desligadas, torneiras abriam-se e fechavam-se aleatoriamente. Uma boneca falante com defeito rompeu sua mudez e começou a gritar "Mamãe!" com toda a força de seus falsos pulmões quando estava sendo colocada na caixa para ser devolvida ao fabricante.

Por fim, um dia meu telefone tocou. O gerente da loja, relutantemente convencido de que estava lidando com uma assombração, entrara em contato com um programa de TV, na expectativa de registrar o espectro em filme, e me convidou para ser a "caçadora de fantasmas".

Então, alguns empregados, a equipe de TV e eu fomos trancados na loja para passar a noite, com os alarmes ligados a fim de evitar que qualquer um entrasse ou saísse até o amanhecer.

Pouco depois de nos instalarmos, uma montanha de bolas despencou das prateleiras. Logo após um peso para exercícios caiu da estante. Isso pode acontecer – não é muito comum, mas pode –, por isso o colocamos no lugar de novo e o prendemos com uma caixa pesada. Ele voltou a cair e descobrimos que a caixa tinha sido removida. Um grande boneco de pelúcia "saltou" da plataforma alta onde estava.

Pouco depois da meia-noite eu vi o fantasma. Ele bombeava água imaginária de um riacho que parecia brotar de um canto da sala. Sua perna estava ferida e ensangüentada, fazendo com que mancasse.

Ele me disse que se chamava John Johnston e era um pregador itinerante que se hospedava na casa da família a quem pertencia a propriedade onde estávamos. Ele amava uma moça chamada Beth, filha de um rico e proeminente casal de Sunnyvale, mas ela tinha casado com outro homem e se mudado para Boston. John ficara ali, onde Beth poderia encontrá-lo quando ela inevitavelmente percebesse seu erro e voltasse.

No dia seguinte, uma equipe de pesquisa do programa descobriu o registro de um pregador ambulante chamado John Johnston, que morrera depois de sangrar até a morte ao ferir-se com um machado em 1884.

Em 1884 havia um pomar onde hoje está a loja, com um riacho correndo por onde agora está o canto da loja, onde eu vi Johnny Johnston bombeando água.

Foram tiradas muitas fotografias naquela noite. Aquelas que usaram filme infravermelho mostram claramente grandes e inexplicáveis globos de luz em pleno ar. A minha favorita é uma nítida silhueta de John em pessoa, inclinado contra as prateleiras em um corredor deserto, olhando para nós.

Como os fantasmas pensam que ainda estão vivos, acreditam firmemente que têm direito aos lugares onde habitam e que nós somos os intrusos. Afinal, eles chegaram primeiro. Pedir a um fantasma que sossegue ou que parta é como ser um convidado e pedir ao anfitrião que se cale ou vá embora da própria casa. Simplesmente não se consegue.

Já encontrei dezenas de fantasmas, e mais cedo ou mais tarde eles todos vão transcender, com um esforço conjunto nosso e do Outro Lado. Enquanto isso, eles merecem mais compaixão do que medo.

Espíritos

Os espíritos, por sua vez, já aceitaram sua morte e transcenderam para o Outro Lado. Quando eles nos visitam, vêm de outra dimensão, o que geralmente os torna mais difíceis de ver e ouvir. Perceber o mundo espiritual através dos meus olhos e ouvidos é um pouco como ver e ouvir uma sala cheia de gente através de uma folha de papel vegetal e um par de tampões de ouvido. É por isso que costuma ser fácil distinguir os espíritos da nitidez quase humana dos fantasmas. Quanto maior o tempo decorrido desde a última encarnação, mais rápida e mais alta se torna a vibração dos espíritos.

Um jeito fácil de ilustrar a diferença entre a freqüência de vibração dos fantasmas e dos espíritos é olhar para um ventilador. Quando ele está desligado, você vê as pás imóveis. Somos nós, nesta dimensão. Ligue o ventilador no mínimo, e o movimento das pás torna mais difícil, embora não impossível, identificar cada uma delas – você precisa se concentrar. Essa é a dimensão dos fantasmas, menos distintos do que nós após a morte, mas ainda visíveis. Coloque o ventilador no máximo, e as pás giram tão rapidamente que se tornam quase invisíveis – podemos olhar através delas, como se tivessem desaparecido. Esta é a dimensão dos espíritos, que existe em uma vibração que o olho humano não consegue perceber. Da próxima vez que você questionar por que deveria acreditar que há espíritos por aí quando não consegue vê-los, pergunte a si mesmo se você pára de acreditar que as pás do ventilador existem quando ele está na velocidade máxima.

Felizmente alguns espíritos, sobretudo se morreram recentemente, têm um poder suficiente e um desejo forte o bastante para que possam reduzir as vibrações e serem vistos, ouvidos e percebidos como humanos por períodos de tempo muito breves.

Por mais que desejemos que os espíritos nos visitem com o propósito de trazer mensagens específicas como "A apólice do seguro está na chapeleira verde no sótão", eu raramente vejo isso acontecer. Na maioria das vezes, eles vêm aqui para nos fazer saber que estão conosco, nos amam e estão bastante vivos.

Na maioria, eles estão bem e felizes também, embora eu já tenha visto exceções, invariavelmente causadas por nós. O caso mais extremo foi o de uma cliente cuja vida tinha parado por completo desde a morte da filha alguns anos antes. A filha apareceu de pé bem atrás dela, chorando. Quando perguntei por quê, ela me contou: "Minha mãe não me deixa partir." Essa mulher, pelo que parecia, tinha manipulado a filha ao longo da vida e continuava exigindo a mesma obediência absoluta apesar de a filha já ter transcendido para o Outro Lado. Expliquei o que estava acontecendo e a profunda tristeza que estava causando, mas a mulher calmamente retrucou: "Claro que eu não a deixo partir. Não tenho nenhuma intenção de deixá-la partir."

Não quero dizer com isso que não devemos sofrer com a morte de um ente querido. Sofrer com a perda de alguém que amamos é instintivo, necessário e inevitável – até os animais sentem isso. Mas, da próxima vez que você decidir ser desagradável, egoísta ou mesquinho logo depois da morte de um ente querido, não se preocupe em imaginar o que ele diria se ainda pudesse vê-lo. Porque *ele está* vendo você. E nosso comportamento pode afetar bastante a paz de espírito a que ele tem direito enquanto segue sua vida do Outro Lado.

Os espíritos revelam sua presença de uma forma mais sutil e atenciosa do que os fantasmas. Eles movem uma fotografia, especialmente a deles mesmos, apenas o suficiente para você perceber. Sopram sobre você sua fragrância preferida. Mexem gentilmente no seu cabelo ou na sua nuca, ou lhe dão aquela estranha sensação de estar sendo observado quando você está sozinho. Eles gostam de criar procedimentos estranhos em qualquer coisa que envolva corrente elétrica, especialmente televisores, telefones, relógios, luzes e pequenos aparelhos, de preferência nas primeiras horas da manhã, por uma razão lógica mas não romântica. A eletricidade e o ar pesado de orvalho de antes do amanhecer agem como condutores perfeitos para que eles "viajem". Ao contrário dos fantasmas, os espíritos têm consciência de que são apenas convidados nesta dimensão; por isso, se você lhes disser educadamente que estão perturbando, eles param. Eles não querem nos assustar, só estão tentando dividir o espantoso e reconfortante fato de que se encontram bem aqui entre nós, literalmente a poucos centímetros de distância.

Observe e preste atenção aos esforços dos espíritos para se comunicarem com você, sem exigir que sejam radicais ou que cada mensagem envolva grandes notícias. Basta saber que estão conosco e nos observam com amor eterno.

Impressões

Eu ainda fico com um bolo no estômago quando me lembro da primeira vez que enfrentei uma impressão, o que infelizmente ocorreu antes mesmo que eu soubesse o que era isso. Eu estava indo para casa no norte da Califórnia com um dos meus ex-maridos após alguns dias em Palm Springs. Na luz estranha e suave do anoitecer, chegamos a uma área de uma rodovia conhecida pelos moradores da região como Desfiladeiro Pacheco.

De repente, sem nenhum tipo de aviso, fui atingida por uma onda do que só posso descrever como pânico, dor e terror absolutos. Nunca senti nada, nem antes nem depois, que me dilacerasse tão profundamente. Senti como se minha alma estivesse sendo atacada. Meu instinto imediato foi rezar, mas eu não conseguia lembrar de nada além de "Pai Nosso...". Parecia que qualquer oração teria sido sufocada pela multidão de vozes que começou a me atingir, gritos de fúria, violência e agonia, o som do inferno que todos imaginamos.

Mais tarde, descobri que agarrei o braço do meu marido e gritei "Me ajude" e ele tentou sem sucesso encostar o carro naquela estrada estreita. Quanto mais ele dirigia, mais visões apareciam, incessantes quadros de brutalidade – índios circundando uma criança assustada em um carroção coberto, espanhóis com capas espancando índios acorrentados, colonizadores mexicanos e americanos em terríveis batalhas, multidões reunidas em torno de um corpo pendendo enforcado de uma árvore, tochas incendiando cabanas toscas de madeira, prendendo famílias indefesas lá dentro. Mesmo quando eu fechava os olhos, tentando escapar à carnificina, era assaltada pelo cheiro acre e sufocante de pólvora, fogo e sangue.

Muitos quilômetros e não sei quanto tempo depois, meu pânico começou a ceder, deixando uma profunda depressão que perdurou por dias. A família e os amigos foram solidários e tentaram me garantir que era apenas uma série intensa das sensações psíquicas que eu tivera por toda a vida. Mas eu sabia que era mais do que isso e que eu não podia ser a única pessoa a ter sido emboscada por alguma coisa horrível naquela estrada. Transmiti um chamado através da estação de rádio local pedindo que qualquer um que tivesse percebido alguma coisa estranha no Desfiladeiro Pacheco me ligasse.

Meu escritório na Fundação Nirvana recebeu uma enxurrada de ligações e cartas que ainda tenho arquivadas. As palavras eram diferentes, mas as experiências eram sempre as mesmas: "expectativa desesperada...", "perdido, em pânico e muito tonto...", "extremamente assustado..." , "sozinho e isolado, e sentia que não conseguia escapar...", "um estado de puro pânico...", "não me lembro de nunca ter sentido tanto terror...", "eu senti que a minha morte era iminente...". Agentes da Patrulha Rodoviária da Califórnia relataram um número muito acima da média de acidentes, brigas violentas, pancadarias, suicídios e uma crença de que "estão todos tentando morrer depressa por aqui". Um tenente acrescentou: "Conheço gente que nem mesmo passa pelo Desfiladeiro Pacheco porque morre de medo de lá."

O desfiladeiro foi batizado com o nome do proprietário de terras Dom Francisco Pacheco, em 1843 – absorveu mais de 200 anos de tragédia indescritível. Os índios, acorrentados, espancados e mortos como escravos do império feudal espanhol que existia no início do século XIX, o chamavam de "Caminho das Lágrimas". Bandidos mexicanos e índios libertados da escravidão assassinavam uns aos outros e atacavam os colonizadores americanos que foram para lá mais tarde, durante a corrida do ouro, sendo rechaçados pelos colonizadores.

Uma impressão é basicamente um vórtice de energia, uma espécie de Triângulo das Bermudas emocional. Ela é causada por uma alta concentração de sentimentos intensos – como fúria, violência, dor, terror – que se reúnem em uma área específica e vão se tornando independentes e auto-suficientes ao longo dos anos. Toda a atmosfera torna-se "impressa" enquanto o vórtice continua a girar sobre si mesmo e a se intensificar, sugando outras energias emocionais que cruzam seu caminho. Ao sentir o poder da emoção concentrada da impressão, reagimos profundamente e nossas reações intensas ajudam a alimentar a impressão e torná-la mais forte.

Desde aquela noite inesquecível, há mais de 20 anos, já encontrei e enfrentei impressões no mundo todo. Você também já passou por isso, possivelmente sem compreender esse impacto tão profundo. Campos de batalha, campos de concentração, qualquer um dos locais onde as piores desumanidades do homem contra o homem causaram o mesmo pânico, a mesma desorientação e a mesma depressão de que eu me lembro tão bem.

Às vezes uma casa é construída no lugar errado, como a que meu primeiro marido comprou em Kansas City. No momento em que entramos pela porta percebi que havia alguma coisa muito errada com aquela casa. Aquele lugar também assustava o meu bebê, o meu pastor alemão e a minha irmã Sharon. Fiquei tão doente lá que acabei tendo que passar por uma cirurgia de cinco horas. Meu casamento se desintegrou. Meu marido perdeu o emprego. Aparições de um azul brilhante surgiam na parede. Nosso pastor alemão foi atirado através de uma porta de tela sem que houvesse ninguém perto dele. A casa pegou fogo sem nenhuma causa aparente.

Francine me mandou até a biblioteca local, onde descobri que nossa casa nova em folha tinha sido construída num local onde antes havia um cemitério indígena que não deveria ter sido perturbado. Esta história aconteceu antes do Desfiladeiro Pacheco e por isso pensei que estávamos sendo vítimas de uma assombração. Depois do Desfiladeiro Pacheco e da pesquisa que ele inspirou, descobri que estivéramos vivendo no centro de uma impressão.

É importante destacar que outra emoção poderosa – a alegria – também pode criar uma impressão. Depois de experiências e pesquisas, descobri que os vivos também podem criar impressões, e o fazem em lugares nos quais investiram intensa emoção. Por um lado, adoro o fato de podermos deixar felicidade e risadas estampadas na atmosfera sem para isso termos que morrer.

Energia cinética

Energia cinética significa "o movimento de objetos espontânea e involuntariamente e sem o uso de meios mundanos". Em outras palavras, ao contrário da energia psicocinética, que é a manipulação mental deliberada de objetos tangíveis, a energia cinética pode ser igualmente poderosa mas é inconsciente, o que a qualifica como outro fenômeno confundido com assombração. Apesar de inúmeros farsantes gerarem ceticismo em relação à energia psicocinética e cinética, elas existem.

Se os objetos voam pelos cômodos da sua casa, ou os seus aparelhos elétricos parecem enlouquecer todos ao mesmo tempo, ou se os quadros caem no chão, pode não ser um fantasma, um espírito ou uma impressão. Talvez você tenha energia cinética, ou esteja vivendo com alguém que a possui. Se for este o caso, eu realmente recomendo que você seja o mais paciente e compreensivo que puder. A menos que uma pessoa cineticamente dotada tenha sido diagnosticada e treinada por um parapsicólogo sério, ela não é responsável por causar toda aquela confusão e gerar tanta despesa com consertos, e, a longo prazo, pode correr mais perigo do que você. É comum que pessoas apresentando uma forte energia cinética, mesmo treinadas e controladas, estejam sujeitas a problemas de saúde, particularmente ataques do coração, devido às "ondas de força" que o corpo atravessa durante um exercício cinético.

Como se não bastasse a perturbação que causam os hormônios, a energia cinética atinge seu pico durante a época em que os níveis hormonais estão oscilando com maior intensidade. Adolescentes e mulheres grávidas ou na menopausa são especialmente vulneráveis a explosões cinéticas incontroláveis, e os momentos imediatamente antes do sono, quando a mente consciente está passando o controle para o subconsciente, costumam ser os mais caóticos.

Purificando e abençoando seu lar

Gostaria de ter aprendido essas lições muito antes. Mas hoje executo rituais, para mim mesma e para clientes em casos de emergência, que realmente ajudam. Exigem muito menos tempo e esforço do que a limpeza de rotina que fazemos em nossas casas todos os dias, e os resultados podem ter um impacto muito maior na nossa saúde física, mental e espiritual e na de nossas famílias.

Recomendo isso para todos, mas com especial veemência se você tem alguma razão para acreditar que está convivendo com um fantasma, com um espírito ou com os efeitos de uma impressão. Se você está morando, construindo ou trabalhando no local ou perto do local de uma morte violenta, preste bastante atenção a essas sugestões simples e gaste alguns minutos para segui-las.

Ao procurar uma casa, nós nos concentramos tanto no preço, na metragem, no número de banheiros e na vista que esquecemos de considerar a história do lugar e do terreno em que foi construída.

Se você pode passar algum tempo em cada quarto para avaliar o espaço dos armários e a cor do carpete, pode levar um minuto extra em cada um para se perguntar "Qual é a sensação que tenho aqui?" e prestar atenção à primeira resposta que tiver. Como eu disse, sabia que havia algo errado com aquela primeira casa no instante em que entrei nela, mas não agi a partir do que sabia, e minha família pagou o preço. Eu aprendi com aquele erro e espero que você também. Se um lugar lhe transmite uma sensação ruim, estranha, arrepiante ou qualquer outra palavra que implique negatividade, vá embora.

Mobília. Eu amo antigüidades e as compro. Também aceito alegremente itens de segunda mão e heranças de familiares e amigos. Mas nunca trago nenhum desses objetos para casa sem tocar nele e passar vários minutos com ele para me concentrar na sensação que ele me transmite e em como me sinto perto dele. Um fantasma pode ficar ligado a um objeto e acreditar que ele ainda lhe pertence. Um espírito pode ter um apego duradouro por um objeto e querer vir visitá-lo, onde quer que esteja. E todo objeto é capaz de conter uma impressão que pode ser boa ou não. Seus cinco sentidos gostaram do objeto. Agora dê ao seu sexto sentido uma chance de fazer o que sabe. Ele o avisa quando há tensão e negatividade no ar e é capaz de fazer exatamente a mesma coisa quando você estiver fazendo compras.

Eu procedo da mesma forma com itens novos e você também, embora talvez não perceba. Quando numa loja você vê um objeto de que gosta, você o pega, segura por um momento e, de repente, aparentemente sem motivo, decide que não está interessado. Há alguma coisa nele que não lhe dá uma sensação muito boa. Não é importante identificar o que é, basta que você sinta e vá embora sem o objeto. Portanto, o que eu estou recomendando é apenas ter consciência de um instinto que você já possui e fazer disso um hábito. Se os seus instintos dão sinal verde, ou se você não sente nada nem bom nem ruim sobre o objeto, ótimo. Se ele lhe traz a menor sombra de dúvida, o ideal é que você o deixe onde está e vá embora.

Mas de vez em quando, se você é como eu, apesar de ter aquela sensação de que alguma coisa está errada, vai querer comprar aquele objeto de qualquer jeito. Antes de trazer um objeto novo ou uma antigüidade para sua casa, você pode abençoá-lo ou dar-lhe um "banho espiritual".

O banho espiritual. Visualize o objeto ou fique de pé ao lado dele. Imagine uma luz branca brilhante – quanto mais brilhante melhor – flutuando sobre ele até parecer que a luz o envolveu completamente. Então, mantendo essa imagem na mente, peça a Deus para cercá-lo com a luz branca do Espírito Santo e liberar com Seu amor e cuidado qualquer negatividade que o objeto possa estar retendo.

É só isso, e faz muita diferença. E não é tarde demais para fazer com os que você já possui. Você pode sair pela casa abençoando um por um, ou pode abençoar a casa ou o apartamento inteiro e tudo o que há lá dentro de uma vez só, através de uma técnica diferente.

O exorcismo. Não acredito que as pessoas possam ser possuídas, mas as casas, sim. Exorcizá-las significa purificá-las de qualquer espírito negativo que possa estar nelas. É fácil e vale a pena. Seja um lugar para o qual você está prestes a se mudar ou o lugar onde mora há anos, uma boa renovação espiritual sempre ajuda.

Se você preferir pedir a um ministro, sacerdote, rabino ou líder espiritual para realizar o exorcismo, siga seu desejo. Mas, diante de Deus, você é tão nobre e digno quanto todos os Seus outros filhos, por isso não há nenhuma razão que o impeça de fazer isso pessoalmente.

Sinceramente, quando Francine sugeriu que eu realizasse um exorcismo e me contou como fazê-lo, eu disse que aquilo me parecia uma grande tapeação. A resposta dela foi: rituais antigos que sejam sagrados para qualquer religião são poderosos por carregarem a santidade dos séculos.

Você só vai precisar de sal, uma vela branca e água benta. O sal é um símbolo antigo de purificação, e a vela branca representa simplesmente a energia espiritual positiva.

Você mesmo pode fazer a água benta. Basta deixar água comum descansar sob a luz direta do sol por três horas e três vezes durante essas três horas fazer qualquer sinal sobre ela que tenha poder e significado espiritual para você. Por exemplo, eu faço o sinal-da-cruz.

À noite, numa hora tripla – 3h, 6h, 9h ou 12h –, ande pela casa iluminando seu caminho com a vela e espalhando o sal. Pare em cada porta e janela e borrife-as com água benta, fazendo sempre o sinal da sua fé ou carregando o símbolo correspondente, como a cruz.

Quando terminar de envolver a casa em um círculo de sal e selar as aberturas com água benta, entre e vá de cômodo em cômodo, ainda carregando a vela branca. Abençoe cada cômodo com mais água benta e o sinal da sua fé, e repita a seguinte oração:

"Amado Pai, limpe e purifique este cômodo com a luz branca do Espírito Santo. Remova dele toda a negatividade e encha-o com a graça do Seu amor. Amém."

7

O Lado Negro: proteção contra o mal que nos cerca

Ao longo deste capítulo, discutirei *entidades negras*, *entidades brancas* e *entidades cinzentas*. Negro, branco e cinzento são apenas adjetivos referentes à quantidade da luz de Deus que um espírito assimila.

O que é o Lado Negro?

Deus não criou a negatividade, o caos e o mal que caracterizam o Lado Negro. Para que Ele criasse essas coisas, parte Dele teria que *ser* negativa, caótica e má, e sabemos que isso não é verdade.

A razão pela qual existe um Lado Negro é que Deus dotou os espíritos de livre-arbítrio, e alguns deles exerceram esse livre-arbítrio para rejeitar a luz e abraçar a escuridão. Deus nunca se afasta de ninguém, mas não impede ninguém de se afastar Dele.

Quando Deus viu que alguns de Seus filhos tinham escolhido o Lado Negro, Ele enviou Lúcifer, um de Seus mais belos, mais amados e mais poderosos Anjos para tomar conta deles. Lúcifer não é negro nem caído. Ele não foi rejeitado por Deus nem banido da luz. Na verdade, o nome *Lúcifer* significa "portador da luz". Foi por não querer que Suas criações ficassem abandonadas e sozinhas que Deus as confiou a ele.

Eu não aceito a existência dessa coisa chamada "demônio". Também não acredito em uma eternidade de fogo chamada inferno, à qual algum deus mesquinho supostamente condena todos que o irritam.

Mais importante ainda, o Deus que nos criou não julga, não pune e certamente não condena. Todos somos Seus filhos. Seu amor por nós é incondicional e eterno. Sim, há conseqüências para quem O rejeita e ao Seu amor. Mas Ele não condena aqueles que se recusam a retribuir esse amor e preferem viver na escuridão. Eles condenam a si mesmos.

O Lado Negro existe tanto na forma humana quanto na espiritual, assim como as entidades brancas existem na forma humana e espiritual.

Na forma humana podem ser parentes, vizinhos, amantes, alguém com quem você trabalha, um suposto amigo. Quando humanos "negros" morrem e os espíritos deixam seus corpos, a energia negativa deles pode nos afetar profundamente sem que percebamos o que está acontecendo. Mas, seja na forma humana ou espiritual, todas as entidades do Lado Negro compartilham as mesmas características básicas:

Em primeiro lugar, elas não têm consciência, nenhum senso de responsabilidade por suas ações e nenhum remorso. Assumem todo o crédito e nenhuma culpa de tudo o que acontece ao seu redor. Na opinião delas, se magoam você, a culpa ou responsabilidade deve ser sua. Se elas o apunhalam, foi você que se atirou contra a lâmina. Qualquer relacionamento com uma entidade negra é humilhante e inaceitável.

Em termos psiquiátricos, as entidades negras humanas são verdadeiros sociopatas. Podem imitar emoções com perfeição sem nunca chegarem a senti-las. Conseguem parecer charmosas (tudo para seduzir você), mostram-se sensíveis, cheias de compaixão e amor, aparentam estar sentidas depois de terem ferido você, para confundi-lo e deixá-lo inseguro. Podem fingir interesse por tudo o que lhe interessa – incluindo Deus e a espiritualidade – para criar a ilusão de que têm alguma coisa em comum com você. É tudo uma encenação, que elas abandonam quando se convencem de que já o controlaram.

Infelizmente, nós, entidades brancas que temos emoções e fé genuínas, passamos maus pedaços até absorver a idéia de que é tudo fingimento. Por isso, em vez de nos afastarmos da entidade negra assim que ela "remove a máscara", continuamos com ela, tentando resgatar a pessoa maravilhosa que temos certeza que existe. É quase impossível imaginar que aquela pessoa nunca existiu de fato. Mas, no caso de uma entidade negra legítima, essa é a verdade nua e crua.

Em segundo lugar, as entidades negras não chegam a conhecer aqueles com quem convivem. Elas só se importam com o reflexo de si mesmas nas pessoas ao redor. As entidades brancas são espelhos em que elas se miram. Enquanto esse reflexo através dos nossos olhos for lisonjeiro, temos valor para elas. No minuto em que percebemos que estamos olhando para um completo disfarce, elas reagem de duas formas: ou se distanciam ou tentam nos reconquistar.

Em terceiro, as entidades negras vivem de acordo com suas próprias regras arbitrárias e egoístas, que podem mudar a qualquer instante. Elas consideram seu comportamento sempre aceitável, mas ficam ultrajadas ou magoadas se alguém agir da mesma maneira com relação a elas. As entidades brancas sempre tentam compreender isso e se ajustar. O resultado é que a entidade branca fica insegura e confusa, o que dá à entidade negra mais controle e poder.

O objetivo de uma entidade do Lado Negro não é tornar negra uma entidade branca. Isso é impossível. Seu objetivo é destruir a entidade branca – não precisa ser fisicamente, mas certamente no nível emocional. A única maneira de a escuridão sobreviver é extinguindo a luz. A entidade negra investe para criar o máximo possível de turbulência emocional, insegurança, culpa e depressão no maior número possível de entidades brancas. Ela insulta, humilha, ameaça terminar um relacionamento levando tudo o que é importante se a entidade branca não "tomar jeito".

O problema é que as entidades brancas possuem consciência. Somos sensíveis, sentimos compaixão e levamos nossas responsabilidades morais a sério. Temos uma tendência natural a acreditar no melhor acerca das pessoas de quem gostamos. São essas qualidades que atraem as entidades negras. Se você estiver tentando ajudar uma entidade negra com seu amor e/ou amizade, por favor, faça esta pergunta simples a si mesmo: na relação com essa pessoa, qual é a reação mais freqüente aos seus esforços – apreciação ou punição?

Virar as costas a outro filho de Deus provavelmente contraria seus instintos humanitários. Mas eu juro que você tem maneiras muito mais valiosas de despender o seu tempo e a sua energia do que tentando ajudar ou salvar uma entidade negra. Mesmo que você tenha certeza de que ela poderia ser uma pessoa maravilhosa se conseguisse "mudar" e aceitar a luz que você tem a oferecer. Uma entidade negra não pode ser transformada em branca, como uma branca não pode se tornar negra. Você não pode apelar para uma consciência que não existe, e, não se engane, as entidades negras não têm consciência e nunca assumem qualquer responsabilidade pelo mal que causam. Se houver uma entidade negra na sua vida – um amigo, um amante, um cônjuge ou um parente –, siga o conselho de Cristo: "Sacuda o pó dos pés e parta."

Afirmo isso tanto como médium espiritual quanto como alguém que aprendeu da maneira mais difícil: minha mãe era uma entidade negra, física e emocionalmente violenta. Quando me tornei adulta, parei de tentar "ajudá-la", fazê-la feliz ou encontrar algum terreno espiritual comum onde pudéssemos nos conectar. Desisti de discutir com ela, porque era um desperdício do meu tempo e da minha energia. Lutei contra a culpa por anos, até ter uma conversa com Francine sobre isso. Quando lhe falei sobre um dos Dez Mandamentos – "Honrarás pai e mãe" –, ela respondeu calmamente: "Claro. *Se eles forem dignos de honra.*" A partir daquele momento, nunca mais senti culpa por manter minha mãe a uma certa distância. Pelo resto da vida dela, garanti que fosse cuidada, mas fiz isso de longe.

Francine me disse uma coisa importante: "Uma única entidade branca pode dispersar mil entidades negras." Por favor, preste atenção na palavra *dispersar*. Não é *salvar*, nem *transformar*, nem *reabilitar*. Apenas *dispersar*. Desviar e mandar para outro lugar. A energia negativa de uma entidade negra, seja na forma humana ou espiritual, pode debilitar uma entidade branca sensível e preocupada.

Nenhuma discussão sobre o que são entidades negras estaria completa sem deixar bem claro o que elas *não são*. Nem todos os assassinos e outros criminosos são entidades negras. Nem todo mundo que já abandonou você ou rompeu com você é uma entidade negra. Categorizar as pessoas como "entidades negras" sem pensar no assunto é simplificar uma distinção que merece ser levada a sério.

Fazer essa distinção é mais complicado do que parece. Por exemplo, Judas traiu Jesus por 30 moedas de prata. Uma entidade não pode ser mais negra do que isso, certo?

Mesmo assim, aquela traição foi essencial para o nascimento do cristianismo. Jesus até a previu durante a Última Ceia. Alguém tinha que cumprir aquele destino. Assim que Jesus foi preso, Judas ficou tão horrorizado com o que tinha feito que se enforcou. Isso não chega nem perto do comportamento de uma entidade negra, que teria se afastado sem nenhuma sombra de culpa, em busca de outra entidade branca para destruir.

Quero insistir que meu propósito ao explicar e expor o Lado Negro não é gerar um patrulhamento leviano e injusto. Meu propósito é evidenciar as características comuns das entidades negras para podermos aprender a identificá-las, compreender como funcionam e evitá-las.

Se alguém na sua vida o faz se sentir sugado, deprimido, diminuído, cansado, inseguro, inadequado, fraco, pessimista, confuso, desamparado ou mesmo enjoado e com dor de cabeça, não posso garantir que seja uma entidade negra, mas você deveria se afastar dessa pessoa por precaução. As entidades negras florescem na depressão, no medo, na perturbação e no caos emocional. Esses são os sintomas que uma entidade branca desprotegida experimenta se passa muito tempo com uma entidade negra. Quanto mais fraca for a sua resistência emocional, mais fácil será para uma entidade negra manipular você. A energia negativa delas pode ser tão real e poderosa quanto a energia positiva de uma entidade branca. Portanto, ao causar um desses sintomas negativos, ou todos, conseguem exercer mais poder sobre você, e nós, entidades brancas, não podemos lhes dar essa satisfação.

As entidades negras não surgem por acidente, é claro. Existe uma razão lógica para elas parecerem tão espiritualmente vazias, e elas pagam um alto preço por escolher a escuridão em vez da luz.

O Outro Lado entre as vidas

Antes de começar a estudar o Lado Negro com profundidade, eu costumava imaginar o que faria se uma entidade negra viesse a mim durante uma sessão. Não que eu tivesse medo delas. Mas, por alguma razão que eu não compreendia, achava que não haveria nada nelas que um médium pudesse captar.

Muitos anos de pesquisa depois entendi por quê.

Existem duas portas para o Outro Lado.

As entidades brancas atravessam a porta da direita quando nós "morremos". Normalmente é uma viagem tão direta que nem percebemos a porta. Apenas a atravessamos enquanto seguimos a luz.

As entidades negras atravessam a porta da esquerda para um abismo de nada, vazio de esperança, em uma escuridão que é o oposto espiritual da pura luz branca do amor incondicional de Deus. Mas não ficam lá muito tempo. Do vazio negro, sem esperança e sem amor, por trás da porta da esquerda, as entidades negras voltam direto ao útero para outra vida na Terra, repetindo eternamente o mesmo padrão. Elas se reciclam, vida após vida após vida, sem um projeto, sem Guias Espirituais, sem Anjos, sem o benefício da paz, da sabedoria e da felicidade que o resto de nós tem a esperar do Outro Lado.

No entanto, nem mesmo as entidades negras estão condenadas a uma eternidade excluídas da presença de Deus. Mais cedo ou mais tarde, as poderosas entidades brancas do Outro Lado conseguem agarrar essas entidades negras em trânsito trazendo-as para o Lar. Mas até lá essas entidades prosseguem na viagem escura que escolheram, sem projetos e sem Deus. Não tente resgatá-las, você não consegue.

Tal como as entidades brancas, algumas entidades negras permanecem presas à Terra por algum tempo, sem perceber que estão mortas, e outras visitam a Terra em forma espiritual no seu breve tempo entre as vidas. Se eu pudesse escolher, preferiria sempre lidar com uma entidade negra na forma de fantasma ou espírito a uma na forma humana. Mas em qualquer forma elas são capazes de criar todo tipo de caos com sua energia negativa. Podem interferir em carros, telefones, aparelhos, computadores, televisores e qualquer coisa mecânica ou elétrica. Também podem afetar a atmosfera geral de um ambiente, de forma que, de repente, até mesmo as pessoas mais felizes e agradáveis se tornem deprimidas, ansiosas e irritadas, e comecem a discutir asperamente umas com a outras sem saber o que as atingiu.

Quero esclarecer alguns mitos sobre as entidades negras na forma espiritual, porque em alguns casos as pessoas lhes atribuem mais poder do que na verdade têm:

1. Elas não podem ferir você. No máximo, causam confusão suficiente para que você se descuide e se machuque por acidente.

2. Elas não podem convencer você a se matar. No máximo, conseguem gerar uma depressão que fará você sair dos trilhos, *mas é apenas temporário* e *não é culpa sua!* Não se atreva a lhes dar a satisfação de enfraquecer a sua luz. Nós, entidades brancas, precisamos umas das outras e, juntas, somos mais poderosas do que elas jamais serão.

3. Elas não podem amaldiçoar você. Não existe maldição.

4. Acima de tudo, *elas não podem possuir você.*

Francine me contou que nenhum espírito, seja branco ou negro, pode realmente possuir a sua mente. O mundo espiritual pode afetar nossas mentes, mas nunca pode entrar nelas ou controlá-las.

Os espíritos só podem nos usar à medida que *permitimos*. Por isso, se uma entidade branca pode habitar um médium treinado apenas quando ele consente, não há nenhuma chance de que uma entidade negra possa possuir alguém sem permissão.

Não estou dizendo que as pessoas que alegam terem sido possuídas estão inventando coisas. O que estou dizendo é que há outros fenômenos que podem ser facilmente confundidos com a possessão.

Algumas pessoas são tão sensíveis à energia negativa que se tornam dominadas por ela, ao ponto de sentirem que perderam sua própria identidade. Isso não é possessão. Todos nos sentimos perdidos e "fora de nós" às vezes, e quanto mais sensíveis somos, maior a freqüência com que isso pode acontecer.

A energia cinética também pode causar o espantoso caos físico que nos faz pensar em possessão. Lembre-se de que a energia cinética atua quando a mente manipula objetos tangíveis espontânea e não deliberadamente. Épocas de extremo tumulto emocional ou espiritual podem acionar espasmos de energia cinética – flutuações de energia elétrica, objetos voando pelo quarto, aparelhos enlouquecendo, canos estourando, etc. Como o tumulto que libera a energia cinética é com freqüência o mesmo tumulto que associamos à possessão, não admira que as duas coisas sejam confundidas. Mas existe uma diferença importante: a energia cinética existe. A possessão, não.

Entidades cinzentas e o Umbral

Em qualquer mundo onde existam o branco e o negro deve haver tons de cinza. E isso é verdadeiro tanto para o mundo espiritual quanto para a Terra.

As entidades cinzentas estão como que "em cima do muro" entre nós. Podem ser influenciadas tanto pelas entidades brancas como pelas negras, por isso não têm certeza do lugar a que pertencem. Não é que elas sejam fracas: estão apenas confusas e tentando encontrar um lugar onde possam se encaixar.

Entidades cinzentas estão bem no meio, em busca do seu próprio estilo. Podem ser transformadas em brancas ou em negras, por isso sentem como se estivessem sendo puxadas em ambas as direções.

Elas são os criminosos que, ao contrário das entidades negras, *podem* ser reabilitados. São crianças perdidas, ainda procurando uma identidade que vá lhes trazer mais atenção e aprovação – os alvos preferidos do Lado Negro. Podem ter esbarrado nas entidades brancas "erradas" e começado a se perguntar se há alguma sinceridade, integridade, compaixão ou esperança na "brancura". Ou ter experimentado vidas boas e decentes até que o azar ou tragédias em doses excessivas as fizeram questionar o sentido de tudo. Abuso de drogas, desequilíbrios químicos, doenças mentais – inúmeras forças podem empurrar um espírito inocente para um deserto cinzento.

Há algumas coisas que nós, entidades brancas aqui na Terra, podemos fazer para ajudar a afastar as entidades cinzentas do Lado Negro.

Uma é evitar um comportamento eventual das entidades brancas de ser "só papo e nenhuma ação". Todos já vimos isso. E, vamos admitir, todos já caímos nessa. Vamos à igreja e quando voltamos somos tão agressivos, rudes, desonestos e julgadores quanto aqueles que denunciamos. Como atrair uma entidade cinzenta se não vivemos de acordo com o que pregamos? Além de falar da alegria e da esperança que vêm de seguir a Deus, precisamos demonstrá-lo com atos, para que as entidades cinzentas vejam verdade em nosso discurso.

E sem dúvida podemos rezar por elas. A importância disso me foi revelada numa experiência que tive enquanto escrevia este livro. Não sou adepta da projeção astral. Certa noite, através da projeção astral, cheguei ao que minha Guia Espiritual me explicou mais tarde ser o Umbral.

Eu estava cercada por pessoas que tinham morrido. Elas não disseram uma palavra, mas eu podia perceber seu profundo desespero.

Além da área em que nos encontrávamos, vi uma enorme escuridão que me aterrorizou, fazendo com que eu quisesse me afastar dela.

Foi aí que percebi que tinha entrado pela porta da esquerda do Outro Lado e que aquela escuridão estava cheia de entidades negras prestes a retornar para a Terra num útero.

Também percebi que as pessoas com quem eu estava ainda tinham o livre-arbítrio para escolher. Elas podiam seguir para a escuridão ou passar pela porta da direita. Não estavam presas naquele Umbral, estavam esperando até fazer a escolha.

Elas não tinham perdido a fé, mas se sentiam confusas e desamparadas. Por puro instinto, comecei a me aproximar de uma por uma, implorando: "Por favor, diga que ama a Deus. Diga que tem esperança. Acredite em Deus e você poderá sair daqui." Elas continuaram silenciosas, sem mesmo erguer os olhos tristes para mim. Fui ficando cada vez mais fraca até finalmente sair dali.

Depois, Francine me contou que eu tinha conseguido tocar dois espíritos entre os milhares que se encontravam ali. Dois deles tinham deixado o Umbral e atravessado a porta da direita.

Suicídio

Mesmo que nenhum daqueles espíritos tivesse falado comigo, eu "sabia" por que alguns deles estavam no Umbral, e Francine confirmou a razão. Por isso, quero esclarecer alguns fatos sobre a confusa e trágica questão de dar fim à própria vida.

Eu aprendi na infância que "as pessoas que cometem suicídio vão para o inferno". Ponto final. Mas isso não é verdade. Embora, de modo geral, o suicídio seja uma quebra de contrato com Deus e com nossos próprios espíritos – já que ninguém escreveu "suicídio" em seus projetos –, existem exceções.

Os que foram levados ao suicídio por uma doença mental ou física extrema têm tanta chance quanto nós de irem para a luz e serem acolhidos do Outro Lado.

Os suicidas movidos pela desesperança e pela angústia vão para o Umbral. De fato, as pessoas que tiveram uma experiência de quase-morte durante uma tentativa fracassada de suicídio descrevem que se viram em um lugar de tristeza avassaladora, não em uma completa escuridão, mas como se estivessem "fora da luz". Mas elas ainda podem escolher juntar-se às entidades negras na escuridão ou entrar pela porta da direita.

Os suicidas por desespero e outras entidades cinzentas que escolhem o Lado Negro voltam diretamente para o útero, assim como as entidades negras. Mas elas não serão negras na nova encarnação. Voltarão a ser cinzentas, com uma nova vida e novas chances de escolher a luz e superar a desesperança que as derrotou da última vez.

Outros suicidas, no entanto, foram movidos por vingança, autocomiseração ou a simples mesquinhez de punir aqueles que, do seu ponto de vista, não lhes deram atenção suficiente ou frustraram suas expectativas. Esses são os únicos suicidas que seguem diretamente pela porta da esquerda para a escuridão e daí direto para o útero novamente. Eles não serão necessariamente entidades negras na próxima encarnação, mas como não terão um projeto, nem um Guia Espiritual, e nem toda a ajuda fornecida pelo Outro Lado, a próxima encarnação fará com que esse suicídio não tenha valido a pena.

Como os suicidas normalmente sofrem mortes traumáticas, seus espíritos podem ficar chocados com o ato brusco, mesmo tendo sido auto-infligido, e permanecer presos à Terra, sem perceber que estão mortos. Diga a eles sem cessar que estão mortos e insista com eles para seguirem em direção à luz. Acima de tudo, reze por eles.

Ataques psíquicos

Ataques psíquicos são uma das formas insidiosas pelas quais a energia negativa do Lado Negro tenta extinguir a luz das entidades brancas. Eles são dirigidos diretamente a nossas consciências e às sinceras preocupações que temos sobre nossa contribuição para a humanidade.

Pergunte a si mesmo se isto lhe parece familiar:

"Eu não sei por que pensei que teria alguma importância na Terra. Achei que trabalharia duro e me esforçaria, mas olhe para mim. Não realizei nada que valha a pena. Se eu desaparecesse, não faria nenhuma diferença para ninguém."

Essas palavras, ou uma versão delas, são o sintoma do ataque psíquico clássico. São ataques da energia negativa do Lado Negro, aparentemente surgidos do nada, contra nosso bem-estar mental e emocional. São a maneira que o Lado Negro tem de cobrir a luz e tentar destruir nosso poder debilitando-nos com depressão, dúvida e desesperança. Mesmo que os pensamentos implantados por um ataque psíquico possam parecer reais, eles são falsos.

Eu também já me senti assim. Uma vez, durante uma palestra para mais de 150 pessoas, eu desabafei. Falei de como me sentia uma impostora e, para meu espanto, em vez de reprovação, percebi no público sinais de compreensão e alívio.

Aquela noite foi o começo da minha pesquisa sobre ataques psíquicos. Também foi o começo do fim do ataque que eu estava atravessando – provando uma vez mais que *temos que falar aberta e honestamente uns com os outros!* Descobrir que não era só comigo e que pessoas que eu amava e que não eram fracassadas, nem impostoras, nem desprovidas de valor, nem nada disso tinham sobrevivido ao mesmo vazio nos libertou a todos.

O mais importante de tudo foi descobrir que, quando um ataque psíquico nos atinge, *estamos todos ouvindo exatamente a mesma "gravação"*. Clientes por todo o mundo, na maior variedade possível de circunstâncias, descobriram a mesma mensagem tocando em suas mentes em algum período de suas vidas.

Por isso aqui vai o que eu quero que você tente da próxima vez que se descobrir no meio de um ataque psíquico. Não se preocupe se por acaso se sentir idiota fazendo isso. Sentir-se idiota é melhor do que sentir-se entorpecido, deprimido e fracassado.

No instante em que os pensamentos negativos entrarem em sua mente, lembre-se de que é só o Lado Negro inserindo outra daquelas mensagens na sua cabeça para tentar desligar a sua luz. Você é mais inteligente e mais forte que eu.

Com o seu dedo indicador, toque um ponto da sua testa entre as sobrancelhas e cerca de quatro centímetros acima delas, onde fica seu "terceiro olho", e imagine ali um botão de "ejetar". Pressione esse botão enquanto diz: "Eu recuso esta gravação e o Lado Negro e libero sua negatividade da minha mente na luz branca do Espírito Santo."

O simples ato de apertar esse botão de "ejetar" irá lembrá-lo de que esses pensamentos negativos são realmente apenas uma gravação irritante que todos nós ouvimos de vez em quando. Lembre-se disso e você nunca mais irá se sentir tão desamparado durante um ataque psíquico.

Seitas e maldições

Existem várias razões para eu colocar as duas coisas na mesma categoria. Ambas só respondem a nossas questões e necessidades espirituais sinceras com mentiras egoístas e manipuladoras, e florescem durante épocas de medo e incerteza.

Seitas. Elas quase sempre são iniciadas por uma entidade negra disfarçada de branca para atrair e destruir outras entidades brancas. O que é mais doloroso com relação às seitas é que por definição elas vitimam pessoas que estão em uma busca espiritual sincera, bem-intencionada e humanitária. Se você está numa busca dessas e acha que encontrou a resposta na pessoa ou no grupo ao qual pensa em devotar seu dinheiro e/ou sua vida, eu espero que você procure alguém em quem confie e *que não pertença ao grupo* para discutir as seguintes questões:

Noventa e nove por cento das vezes, existe uma pessoa (ou, muito raramente, duas) à frente do grupo que exige que, para ser aceito, você a reconheça como seu centro divino. Isso significa que você fica dependente dela para estar próximo de Deus, porque ela está mais próxima Dele do que você, e somente ela determina quem merece e quem não merece as recompensas máximas que Ele tem a oferecer.

Tudo isso é mentira. Tenha certeza de uma coisa: *você* é seu centro divino. Toda vez que alguém sugerir que você deve buscar fora do seu próprio espírito divino o seu centro de Deus, *caia fora!*

Os líderes de seitas elaboram todos os tipos de argumentos para justificar por que seu grupo deve se isolar do resto da sociedade e doar seu dinheiro para eles. Esses argumentos podem parecer até sensatos ou mesmo espirituais. A verdade é que se trata apenas de uma retórica inteligente para encobrir a razão real pela qual o líder de uma seita quer que você se isole: as seitas não se sustentam sob o exame minucioso de gente "de fora".

Se depois de conversar, deixar-se questionar e fazer um exame de consciência honesto você ainda estiver convencido que uma seita é o que quer para a sua vida, eu desejo que você vá com Deus. Mas, por favor, não arraste seus filhos com você. Se isso em que você está entrando é uma busca digna e centrada em Deus, eles poderão optar por ela quando tiverem idade suficiente para tomar suas próprias decisões. Se você tem o direito de escolher, eles devem ter o mesmo direito algum dia.

Maldições. Este é outro modo insidioso de separar você do seu dinheiro através do medo e de uma suposta linha direta com Deus e/ou o mundo espiritual. Aqueles que são vulneráveis à ameaça de uma maldição normalmente atravessam uma maré de má sorte e querem descobrir por que isso está acontecendo e fazer com que pare. Aqueles que alegam ter as respostas se autodenominam de muitas coisas – médiuns, videntes, adivinhos e espiritualistas –, mas todos têm uma coisa em comum: são mentirosos.

Esta é a verdade: a única pessoa que pode amaldiçoá-lo *é você mesmo*. Ninguém mais tem esse poder, a menos que você o dê, e mesmo assim você tem que ativamente fazer a maldição funcionar.

Nos tempos antigos, e até hoje em algumas culturas, se alguém jogasse uma maldição em você, anunciaria isso colocando uma galinha morta diante da sua porta. Você ficaria paralisado de medo com a idéia de ter sido amaldiçoado, iria para a cama, recusaria qualquer alimento e água porque poderiam estar envenenados. Num curto período de tempo você morreria e o mito da maldição prosseguiria, apesar de ser óbvio que a causa da morte era inanição.

Existem três fatos que podem lhe poupar dinheiro e aflição:

1. *Qualquer um* que tentar usar os seus medos contra você para torná-lo ainda mais assustado faz isso para controlá-lo, e não para ajudar.

2. Não existe nenhuma razão para que uma consulta com qualquer médium, adivinho, vidente ou espiritualista custe um centavo a mais do que o preço que você concordou em pagar a princípio.

3. No momento em que você ouvir referência a "maldição", "traba-

lho", "mau-olhado", "olho-gordo" ou qualquer outro termo parecido, vá embora e não pague.

Ferramentas de Proteção

Às vezes parece que o Lado Negro está em toda parte, pronto para pular sobre nós. Infelizmente, isso não está muito longe da verdade. Mas a boa notícia é que nós, entidades brancas, podemos vencer. O Lado Negro já está enfraquecido pelo fato de ter se afastado de Deus, e seus truques deixam de ser assustadores quando lançamos uma luz sobre eles, falamos sobre eles e os enfrentamos juntos.

A primeira e mais forte Ferramenta de Proteção contra o Lado Negro é amar e abraçar a Deus, dizendo todos os dias: "Ninguém além de mim é ou será meu centro divino."

A segunda é: nunca ceda seu livre-arbítrio, sua mente ou o seu bom senso para alguém! Eles são dádivas preciosas, dadas a você por um Deus amoroso e generoso que deveria ser sempre o único lugar onde você procura respostas.

As Ferramentas de Proteção a seguir não estão em nenhuma ordem em particular e uma não é mais eficaz do que a outra. Use uma delas ou todas as que o interessarem – quanto mais melhor. Qualquer hora do dia ou da noite é boa. Eu por acaso prefiro as manhãs, quando estou me preparando para o dia, e a noite, quando estou indo para a cama. Crie o hábito de usar suas Ferramentas até chegar a um ponto em que você se sentiria nu sem elas.

Se você duvida que elas vão funcionar, tente por uma semana ou duas, só para me agradar. Tentar não vai custar nada e certamente não vai lhe fazer nenhum mal. A única desculpa que não funciona comigo é "Eu não tenho tempo!". Se você pode gastar cinco minutos para fazer a barba, 10 minutos para se maquiar, 15 para se pentear ou 20 para fazer alongamento, você certamente pode dedicar um ou dois minutos para se armar contra o Lado Negro e sua energia negativa por um dia inteiro.

O círculo de espelhos. Imagine-se no interior de um círculo perfeito de espelhos, mais altos que você, voltados para fora. As entidades brancas serão atraídas pelos espelhos, enquanto as negras serão repelidas por eles e evitarão você.

A bolha de luz branca. Embora você deva sempre pedir para estar cercado pela luz branca do Espírito Santo, é bom visualizar isso. Imagine uma linda bolha feita da luz branca, brilhante e transparente do Espírito Santo e coloque-se dentro dela. Tente atravessar o dia e a noite envolvido pela bolha e você vai começar a perceber que as entidades negras não vão querer nada com você.

Quando tiver contato com alguém que você imagine ser uma entidade negra, projete silenciosamente este pensamento: "Você não tem poder aqui. Vá embora." Você vai se espantar ao constatar como essa afirmação é eficaz para lembrá-lo do *seu* poder e diminuir o das entidades negras sem precisar dizer uma palavra.

A espada dourada. Imagine uma longa, poderosa e brilhante espada dourada, com um lindo punho adornado de pedras preciosas. Segure essa espada diante do seu corpo, fazendo com que o punho forme uma cruz sobre o seu "terceiro olho" entre as sobrancelhas e ligeiramente acima delas, e a lâmina se estenda como um escudo de força e proteção ao longo do seu corpo, intimidando e desviando a covardia inerente do Lado Negro.

Redes de ouro e prata. Visualize uma rede de pescador, de um tecido diáfano de ouro e prata, forte mas leve como o ar, as fibras trançadas e brilhando com a luz branca do Espírito Santo. Envolva-se com ela, protegendo-se da cabeça aos pés com a divina luz branca. Ao longo do dia, envolva qualquer entidade negra que avistar numa rede de ouro e prata semelhante, para abençoá-la e para conter e neutralizar qualquer poder que tenha.

O domo de luz. Imagine um domo magnífico, as paredes e a cúpula perfeitamente redondas feitas da radiante luz branca do Espírito Santo. Você e aqueles que você ama estão lá dentro, seguros, aquecidos e regozijando-se no amor de Deus, protegidos de toda a escuridão e negatividade.

8

Dez coisas que tememos e por que não devemos ter medo delas

O medo é destrutivo. Ele nos isola, reduz o nosso mundo e nos afasta da nossa dignidade, da nossa autoconfiança e da nossa fé.

Milhares de clientes, de todas as origens e condições financeiras, vêm de todas as partes do mundo, e a grande maioria está lutando contra os mesmos 10 medos básicos. Isso não chega a me surpreender, pois também já lutei contra alguns deles. Sei o quanto o medo pode ser paralisante. Sei quanta força, coragem e trabalho árduo são necessários para derrotá-lo.

Mas você *pode* superar qualquer uma das coisas que tememos e que descrevo a seguir. Embora à primeira vista algumas possam não parecer questões psíquicas, freqüentemente costumam apresentar raízes psíquicas profundas. Às vezes estão ligadas a eventos traumáticos nesta vida, mas em geral o desamparo que causam é multiplicado pelo fato de não sermos capazes de descobrir o que está causando o medo.

A dor desses medos pode nos dilacerar até nosso íntimo psíquico. É esse íntimo que precisa ser examinado, tratado e curado. Os 10 medos de que vamos tratar aqui podem ferir nossa essência psíquica, mas não é necessário fugir deles. Podemos derrotá-los para sempre, com compreensão, conhecimento e alguma ação bem direcionada.

1. Rejeição e 2. Abandono

Esses dois medos estão profundamente relacionados. Ambos podem causar intensa dor, dando a sensação de que fracassamos de alguma maneira e por isso fomos descartados.

O medo da rejeição e/ou do abandono pode prejudicar nossos relacionamentos ao longo da vida. Passamos a evitar que uma pessoa se torne muito próxima, temendo que nos cause dor. Podemos nos agarrar com ansiedade excessiva a alguém, sufocando-o e provocando assim a rejeição e o abandono que tememos. Podemos até nos envolver com aqueles que sabemos no nosso subconsciente que irão nos rejeitar ou abandonar, seja para provar que o nosso medo é justificado ou para ver se podemos provar pelo menos uma vez que não é.

Dependendo da sua experiência, você provavelmente tem sua própria opinião sobre a diferença entre rejeição e abandono. Eu sempre defini rejeição como alguém dizendo "Vá embora", e abandono como alguém dizendo "Adeus". Você pode ser rejeitado por um estranho, por alguém que ama ou por um amigo. O abandono, por outro lado, implica que o amor, ou o que parece ser amor, é dado e depois retirado. Em ambos os casos, no entanto, o resultado é um sentimento de perda emocional por vezes devastador.

Há uma razão espiritual que explica por que a rejeição e o abandono têm um efeito tão intenso sobre nós. Entender essa razão é um grande passo para compreender o medo que nos causam:

A dor da rejeição e do abandono nos é familiar desde o momento em que nascemos. Por isso, cada vez que a experimentamos na Terra, estamos reabrindo uma ferida que já existe.

Quando no Outro Lado tomamos a decisão de voltar aqui para outra encarnação, somos submetidos a um processo dessensibilizador para ajudar a aliviar o choque espiritual da transição. De certa forma, é o oposto da orientação que recebemos quando deixamos esta vida e retornamos ao Lar. Como parte desse processo, as entidades do Outro Lado, tanto os nossos entes queridos quanto os Guias Espirituais que escolhemos, nossas almas gêmeas e nossos inúmeros amigos e colegas de trabalho, se distanciam emocionalmente de nós. É um ato de bondade em nosso benefício, sua maneira de nos preparar para a jornada.

É natural atribuir a dor do abandono e da rejeição na Terra ao evento que deu origem a ela. Mas a maior parte da dor não é causada por esse evento imediato, e sim pela memória espiritual de uma perda maior – e puramente temporária – do que as que jamais experimentaremos aqui.

O tratamento mais eficaz, então, é tratar do ferimento original – nosso distanciamento devastador mas necessário do Lar.

A chave para o tratamento é a espiritualidade. Quanto mais energia e paixão investimos nela enquanto estamos aqui, mais conectados nos sentimos com tudo e todos que deixamos para trás nesta breve jornada fora do Outro Lado. É a maneira mais garantida de manter contato com aqueles de quem sentimos falta até podermos estar reunidos novamente. Ao mantermos essa conexão espiritual viva e ativa, ninguém que nos abandone ou rejeite aqui neste planeta poderá jamais nos infligir uma dor que seja profunda demais para ser suportada.

3. Fracasso

O medo do fracasso tem muitas razões, mas sua raiz espiritual se reduz a uma única questão: estou seguindo meu projeto?

E a resposta é um simples e inequívoco sim!

Então, se vamos seguir nossos projetos, mesmo que metamos os pés pelas mãos, qual é a motivação para fazer qualquer esforço?

Lembre-se, antes de deixarmos o Outro Lado e virmos para cá, compomos um projeto ou mapa para a vida que irá começar e também escolhemos um tema primário e um secundário para trabalhar enquanto estamos aqui, compatíveis com os objetivos do projeto. NINGUÉM – nem mesmo nós – pode interferir nesses temas de vida ou no desdobrar dos mapas que desenhamos. Já nascemos motivados, dirigidos para propósitos estabelecidos por nós mesmos.

As variações ao executar nossos projetos derivam de como lidamos com os inevitáveis obstáculos com que nos defrontamos ao longo do caminho e com as dificuldades que criamos no processo.

Para se certificar de que está progredindo no cumprimento do seu projeto, sente-se uma vez por mês por alguns minutos e responda a estas questões básicas:

- Como você está lidando com a negatividade inevitável que veio aqui para enfrentar? Você está fazendo um esforço genuíno para superá-la e ajudando os outros a vencê-la, sem julgá-los, quando eles precisam de você? Ou está perpetuando a negatividade, chafurdando nela e/ou se permitindo ser vítima dela para atrair atenção?
- Você está usando as dádivas que lhe foram dadas ou está abusando delas e as desperdiçando?

- As vidas que você toca se tornam mais ricas ou mais pobres por sua causa?
- Se magoou alguém, pode dizer que não foi sua intenção?
- Sua vida diária reflete suas crenças ou seus valores são apenas um padrão que você usa para medir a vida de todo mundo menos a sua?
- Quando você comete erros, assume a responsabilidade por eles, pede desculpas e conserta as coisas ou começa a procurar alguém a quem culpar? Você perdoa os erros dos outros tão rápido quanto espera que perdoem os seus?
- Quando foi a última vez que se esforçou para aprender alguma coisa?
- Você está se dedicando todos os dias, com a mesma intensidade, à sua saúde mental, física e espiritual?
- Com que freqüência você pára e procura ouvir – e agradecer – a Sabedoria Superior e seus ajudantes espirituais do Outro Lado que nunca o abandonam, mesmo naqueles momentos sombrios em que você os rejeita?

4. Sucesso

Acho que a principal razão pela qual muitas pessoas temem o sucesso é o medo de perdê-lo. É por isso que muita gente se agarra ao fracasso. Pelo menos quando você fracassa tem o consolo de saber que as coisas não podem ficar piores.

É realmente triste perceber o quanto ficamos assustados com o sucesso. Quando conta alguma coisa boa que está acontecendo em sua vida, você quase pede desculpas por isso ou insere alguma notícia ruim na conversa para equilibrar as boas, não é mesmo?

Ninguém gosta de quem conta vantagem, mas há uma diferença entre compartilhar uma notícia boa e martelar a cabeça dos outros com ela. Da próxima vez que tiver boas notícias para dar, tente fazer isso sem pedir desculpas. Diga em alto e bom som o quanto você é grato por isso e mude de assunto. Se houver pessoas ao seu redor que não conseguem ficar felizes com o seu sucesso e/ou parecem ficar incomodadas com ele, afaste-se delas. Ponto final.

O mesmo vale para pessoas que acreditam que os bons momentos e o sucesso não duram. Isso só é verdade se você achar que é. Se você acredita que as notícias boas sempre são seguidas por más ou que o próximo passo lógico após o sucesso é o fracasso, irá mover céus e terras para fazer isso acontecer.

Por outro lado, muita coisa depende da sua definição de sucesso. Eu não acho que tenha nada a ver com dinheiro, emprego, tamanho da casa, marca das roupas ou tipo de carro que você dirige. Já conheci pessoas muitíssimo bem-sucedidas que eram podres de ricas e pessoas muitíssimo bem-sucedidas que não tinham um tostão furado.

O sucesso reside no espírito. Só ali. Se você se define por qualquer outra coisa além da integridade, disposição, coragem, profundidade, curiosidade e compaixão do seu espírito, ainda tem que trabalhar um pouco antes de poder se considerar bem-sucedido. Uma boa maneira de averiguar o seu progresso é se perguntar quem você seria se perdesse amanhã a carreira, o casamento ou o relacionamento amoroso, a poupança, a casa, o carro – qualquer coisa externa através da qual você possa estar tentando se identificar. Se você não sabe a resposta, só vai encontrá-la explorando, nutrindo e expandindo seu eu espiritual. É isso que você é. Essa é a sua identidade. Ter um espírito feliz, saudável e ativo é o maior sentimento de segurança que você irá experimentar, porque é o único marco de sucesso que ninguém jamais poderá lhe tirar.

Outra medida útil para conferir seu sucesso real, aliás, diz mais ou menos assim: você colhe o que planta. Se você ouve isso e pensa: "Tomara que sim!" – é bom para você, pois está no caminho certo.

Se você ouve e pensa: "Ai, não!" – se eu fosse você, poria mãos à obra para mudar isso.

5. Traição

Este assunto é muito difícil para mim, já que conheço de sobra o que é ser traída por alguém que jurou me amar e ao mesmo tempo quase me destruiu.

No entanto, a forma mais devastadora de traição é a do seu próprio eu. Podemos nos trair de inúmeras maneiras, seja ignorando os sinais que enviamos a nós mesmos ou nos deixando desviar por uma coisa que eu chamo de "determinismo". Em termos simples, determinismo significa deixar que outra pessoa determine seu caminho.

É uma autotraição deixar que qualquer um, inclusive você mesmo, defina arbitrariamente quem você deveria ser e quais são os seus supostos limites, ou então o separe dos seus dons, dos seus sonhos e da alegria.

Aqui vai um exercício simples para evitar a autotraição. Toda vez que se ouvir dizendo ou pensando qualquer frase que comece com as palavras "Eu sempre quis...", tome nota dela. Continue acrescentando frases à lista durante o tempo que for necessário, até chegar a cinco. Depois, com muita calma, verifique item por item e debaixo de cada um escreva a resposta *sincera* à pergunta: "Por que eu não fiz isso?" Embaixo disso escreva a resposta *sincera* à pergunta: "Por que eu não faço isso agora?" Você vai imediatamente identificar a diferença entre as razões legítimas e as desculpas esfarrapadas. Continue acrescentando frases à sua lista com o passar do tempo. Se não servir para mais nada, pelo menos o exercício vai ser uma ótima maneira de se manter em contato com seus sonhos e desejos e lembrar que não precisa ser tarde demais para persegui-los.

Superar a traição de alguém que você amava e em quem confiava não é tão fácil. As traições são causadas por dois motivos básicos – cobiça e vaidade. A maioria de nós nunca daria mais valor à cobiça e à vaidade do que ao amor. Mas, no entanto, existem pessoas que não conseguem entender que o amor, quando sentido e expressado em seu estado mais divino, reduz automaticamente a cobiça e a vaidade às tolices mesquinhas, rasas e míopes que elas são na verdade.

Recuperar-se de uma traição é muito parecido com recuperar-se da morte de um ente querido. Você enfrenta a negação, a dor, a raiva, a autocomiseração, a auto-recriminação. Elas não podem ser evitadas, mas mantenha um objetivo importante em mente – permita-se senti-las com o propósito de eliminá-las do seu sistema, e não para ficar obcecado com elas a ponto de não conseguir mais progredir. *Existe* vida após a traição, pode acreditar em mim. Aqui vão algumas dicas, parte das quais eu aprendi da maneira mais difícil:

- A resposta para "Como eu pude ser tão ingênuo/estúpido/cego?" é: "Por acreditar que a mente e o coração de todas as pessoas são iguais aos meus." Agora você sabe que não são e talvez tenha que passar mais vezes pela mesma experiência para aprender. Existem outras pessoas boas por aí, e quanto mais cedo você se reerguer e se afastar de quem o traiu, mais cedo vai encontrá-las.
- A resposta para "Como ele pôde fazer isso comigo se me amava?" é: "O espírito dele tem um caminho mais longo em sua jornada do que o seu, senão ele não daria tão pouco valor ao amor." É ele que tem que aprender a lição, o que pode acontecer ou não nesta vida. Não se empenhe em ensiná-lo sem saber se ele quer ou não aprender. Tente vê-lo não como você gostaria que ele fosse, mas como as evidências provam que ele é: reconheça que foram os limites espirituais dele, e não os seus, que causaram a traição – e desapegue-se do sofrimento.
- Não se esqueça de que a frase "Os atos falam mais do que as palavras" é sumamente importante. Quando há uma contradição entre o que uma pessoa diz e o que ela faz, ignore as palavras – a verdade está sempre no comportamento.

Pode dar um alívio fantasiar sobre vingança, mas vingar-se de fato está fora de questão. O maior problema com a vingança é que ela ocupa o seu tempo e a sua energia. Quando alguém lhe causou toda aquela dor da traição, você não acha que já devotou tempo e energia demais para ainda prolongar isso e dar-lhe mais poder enquanto tenta se vingar? Não se engane: enquanto uma pessoa for o ponto focal da sua atenção, você estará lhe transmitindo a mensagem de que ela tem importância e poder sobre a sua vida. O maior insulto que se pode fazer contra alguém não é o ódio – é a indiferença.

Vamos deixar uma coisa clara quanto à questão do perdão. Ser uma pessoa boa e espiritualizada *não* requer que você perdoe toda e qualquer coisa que alguém lhe fizer. É muito pouco razoável achar que você não pode progredir ou encontrar paz após uma traição enquanto não a perdoar. Você pode, sim. A maneira de progredir e encontrar paz é incluir em suas orações: "Isso é grande demais para mim, meu Deus. *Você* toma conta disso."

6. Solidão

As pessoas que têm medo da solidão sempre acham difícil acreditar no que vou dizer, mas é a verdade. E qualquer um que não tenha esse problema vai me apoiar.

A cura para a solidão não tem absolutamente nada a ver com as outras pessoas. A cura está dentro de você. Portanto, por que ter medo de uma coisa que você pode controlar?

Não confunda *estar sozinho* com *solidão*. Você pode estar sozinho sem sentir uma pontada de solidão e pode penar com a solidão em uma sala cheia de gente. Uma das primeiras coisas que eu pergunto a clientes que querem desenvolver sua espiritualidade é: "Você consegue ficar sozinho?" Se não conseguem, essa é a primeira coisa que temos que trabalhar, porque a capacidade de estar sozinho significa que você conhece e aprecia quem você é, sem ter que procurar em outras pessoas sua identidade. Só quando você atingir um nível mais alto de espiritualidade poderá receber a alegria, o amor, a paz e o poder que ela tem a oferecer.

Só você pode preencher sua própria solidão. Isso não significa que todo mundo não fique solitário de vez em quando, pensando em uma pessoa que ama, sentindo falta do estímulo e incentivo que os amigos e entes queridos têm a oferecer. Mas a solidão crônica e penetrante significa que a pessoa ainda não descobriu como é especial, independentemente da opinião dos outros.

Há duas fortes razões para superar o medo da solidão, além do fato de que ele pode levar à depressão, ansiedade e doença.

Em primeiro lugar, depender das outras pessoas para identificar quem você é o deixa vulnerável, porque sua identidade vai depender da conveniência e humor da outra pessoa. Por que os outros são mais dignos de confiança do que você? E quem tem chance de conhecer você melhor do que você mesmo?

Em segundo lugar, se você acha que a solidão pode ser curada simplesmente tendo alguém com você, está correndo um grave risco. Pense no seguinte: se você não se conhece e aprecia de verdade, então sempre que está sozinho você está condenado a passar o tempo com um estranho por quem você não tem muito interesse.

Em algum momento você vai descobrir uma ironia engraçada. Quanto mais você aprecia estar sozinho, mais as outras pessoas vão querer passar o tempo com você. Reclamar repetindo como você é solitário e depressivo é a melhor maneira de anunciar que você é uma companhia bem chata, o que não costuma atrair uma multidão de amigos. Quando fica evidente que você se sente muito bem sozinho, as pessoas recebem a mensagem de que você deve ser uma pessoa interessante, estimulante e conseqüentemente atraente.

Todos os dias, enquanto estiver no banheiro, dirigindo até o trabalho, preparando o jantar ou qualquer outra coisa que realize sozinho e não exija muitos pensamentos, faça a si mesmo cinco perguntas rápidas que você poderia fazer a qualquer pessoa que estivesse interessado em conhecer. Vale todo e qualquer assunto. Se a resposta para qualquer pergunta for "Não sei", continue pensando sobre ela até descobrir o que acha ou sabe. Este é o objetivo: ajudar você a aprender não só que você tem suas próprias opiniões, mas também que elas são tão valiosas e interessantes quanto as de todo mundo.

Vou dar alguns exemplos e você pode continuar a partir dessas perguntas, cinco por dia, até isso se tornar um hábito pelo qual você realmente anseie:

Como você se sente a respeito da pena de morte? Por quê?

Quem é o seu artista favorito?

Qual foi o melhor livro que você leu nos últimos seis meses?

Se você pudesse fazer uma viagem de férias a qualquer lugar da Terra, aonde iria?

Há algum esporte que você gosta de praticar?

Diga três coisas nas quais você é especialmente bom.

Diga três coisas que você gosta muito de fazer. Qual foi a última vez que fez alguma delas?

Que figura histórica você admira mais? Por quê?

Que perguntas você tem acerca de Deus? O que você está fazendo para tentar encontrar as respostas?

Você já entendeu. Nenhum assunto é grande ou pequeno demais, nenhuma resposta é errada, desde que sejam *as suas respostas*. Cinco perguntas por dia, todo dia, e não apenas você vai aprender algumas coisas sobre si mesmo, como também vai começar a fazer amizade consigo mesmo e apreciar a sua própria companhia.

E, quando isso acontecer, eu lhe dou a minha palavra de que você nunca mais vai ter medo da solidão.

7. Doença

Qualquer um pode piorar uma doença potencial ao se preocupar com ela, acrescentando estresse e ansiedade àquilo que seu corpo já está tentando combater.

A doença é uma parte natural da experiência de vida que incluímos em nossos projetos antes de virmos para a Terra. Assim como fazemos com toda a negatividade inscrita neles, as doenças são um desafio para aprendermos a superá-las tanto física quanto espiritualmente – não para afundar nelas, nos obcecarmos com elas ou assumi-las como parte da nossa identidade.

Tenho certeza de que você conhece pessoas que praticamente se apresentam contando o que está errado com elas. "Oi, eu sou Susie. Não repare, mas eu manco, tenho um problema de coluna." Quanto mais você declara que uma doença ou problema físico faz parte de você, mais você vai se prender a ele e recusar-se a se livrar dele, porque nós nunca abrimos mão voluntariamente de uma coisa que entremeamos no tecido da nossa identidade.

Por favor, não me entenda mal – não estou dizendo nem por um momento que você não deva levar as doenças a sério. Siga o conselho dos melhores médicos que tiver ao seu alcance, faça exames físicos regularmente, instrua-se sobre questões de saúde, coma com sensatez, pratique exercícios e preste atenção quando o seu corpo tentar lhe dizer que precisa de alguma atenção especial. Mas não fique obcecado com a saúde.

Lembre-se, tudo o que você ouve – inclusive suas próprias palavras – fica registrado na sua mente e a afeta. Por isso, repetir vezes seguidas coisas como "Não estou me sentindo bem", "Eu pego todos os resfriados que aparecem" diz à sua mente, vezes seguidas, que indique ao seu corpo para ficar doente. Até mesmo tentar ser positivo e repetir

"Eu me recuso a ficar doente!" envia a palavra *doente* de modo contínuo para a mente e daí para o corpo. Mude isso para "Sou saudável, sou saudável!" e sua mente e seu corpo com certeza vão recompensá-lo por isso.

Aqui vai um rápido exercício que, além de ajudá-lo durante um problema físico até que você possa receber qualquer tipo de cuidado médico, é também uma boa maneira de lembrar que "você" e seu corpo são duas coisas separadas.

Ao primeiro sinal de dor ou do estágio inicial de uma doença, não se contraia! Relaxe e respire. Relaxe e respire, enquanto pede a Deus pela proteção da luz branca do Espírito Santo, visualizando a luz cercando você por inteiro. Então, na sua mente, transforme aos poucos a brilhante luz branca em uma luz verde cálida e curativa. Depois que estiver rodeado por essa luz verde, imagine a dor ou a doença concentrada em uma bola de fogo e faça com que ela voe para fora do seu corpo e entre em uma caixa de chumbo perto de você. Assim que a bola de fogo estiver segura dentro da caixa, lacre-a firmemente, acenda um pavio que vá até dentro da caixa e faça explodir para sempre a dor ou a doença. A caixa de chumbo vai proteger você e as pessoas ao redor, e, ao externar sua dor ou doença e detoná-la, você estará agindo para ser mais fácil lidar com ela e eliminá-la.

A dor não vai desaparecer, mas você vai ter maior controle sobre ela e terá dado passos importantes na direção da cura.

8. Envelhecimento

Assim como podemos nos recusar a nos identificar com nossas doenças, podemos nos recusar a nos identificar com nossa idade.

Uma vez perguntei à minha Guia Espiritual por que nós ficamos velhos. Por que não escolhemos uma idade agradável e ativa – como 30 anos, por exemplo – e permanecemos nela até o fim? Nunca esqueci a resposta dela: "Aqueles que escreveram idade avançada em seus projetos fizeram isso porque envelhecer deixa você cansado o bastante para querer voltar ao Lar."

Não é adorável e espiritualmente precioso que nós amadureçamos e nos tornemos mais sábios com o passar do tempo? Não é maravilhoso pensar que brincar de pique-esconde é o máximo do divertimento aos cinco anos, mas quando temos 30 não pensamos em convidar os amigos para brincar disso no sábado à noite? Não é um luxo ser velho o bastante para que nossas vidas não sejam mais reféns dos hormônios, ao contrário do que acontece na adolescência? E ninguém mais vai nos dizer que somos jovens demais para saber o que é o amor. Você não aprecia a lenta mas inevitável percepção de que o que as outras pessoas pensam a seu respeito já não importa tanto e que mais vale a sua própria opinião?

Envelhecer também dá uma desculpa excelente e irrefutável para se livrar de coisas que você não quer fazer. Eu fiz de tudo tentando provar que era uma mãe participativa. Como avó, quando por acaso não estou com vontade de escalar ruínas ou voar de asa delta, posso me livrar com um simples "Obrigada, mas já não sou mais uma criança".

Tenho o cuidado de usar exatamente essas palavras. Você nunca vai me ouvir dizer "Estou velha demais" ou "Mas na *minha* idade?", como se a minha idade fosse limitadora ou alguma coisa de que eu devesse ter vergonha. Tenho orgulho da minha idade. Acredite em mim: o que você diz em voz alta sobre si mesmo pode ter um efeito drástico sobre o quanto você se sente jovem ou velho. Tente, por três curtos meses, assumir que você tem exatamente a idade que quer ter, mesmo que a princípio não acredite, e acho que você vai descobrir que isso faz uma diferença e tanto no entusiasmo com que você vai levantar da cama todos os dias.

Obviamente parte do medo de envelhecer envolve preocupações com os problemas mecânicos que nossos corpos podem desenvolver, e nenhum de nós quer ficar incapacitado. Mas envelhecer é outra boa razão para lembrar que "nós" não somos nossos corpos. "Nós" somos espíritos que já estiveram aqui muitas vezes, que escreveram os projetos que estamos vivendo agora e que guardam a divina promessa da eternidade no amor de Deus que nos espera do Outro Lado.

9. Perda

Se você já experimentou a perda de um ente querido, sabe o quanto isso é devastador. Embora eu tenha certeza sobre a vida do Outro

Lado, também já fui dizimada pela dor, não por aqueles que partiram para o Lar, mas por mim mesma, separada deles por dimensões diferentes, por mais que essa separação seja temporária.

Cavalgar o corcel negro da dor é um processo dilacerante, vazio, entorpecente, enfurecedor e intensamente pessoal. Leva o tempo que tiver que levar – nem mais, nem menos. Isso não é novidade, apenas um lembrete se você estiver tentando ajudar alguém que esteja sofrendo. A palavra *deveria* não significa nada – o que ela "deveria" estar sentindo, o que "deveria" estar fazendo, quão próximo da recuperação "deveria" estar, quando "deveria" ter vontade de sair e encontrar pessoas novamente. Compreendo a necessidade de tentar aliviar a dor de alguém, mas por trás desse empenho está uma característica da natureza humana: é tão doloroso e assustador assistir à dor que com freqüência nossos esforços são mais para o nosso próprio conforto do que para o deles. Não, a coisa mais útil que você pode fazer por um ente querido que está sofrendo é, com o maior respeito, colocar-se ao lado dele para que tenha alguma coisa em que se segurar até estar pronto para desmontar e caminhar novamente.

Encerrar o período de luto antes que esteja plenamente expressado e vivenciado pode ser perigoso para a saúde. Tentei isso há muitos anos. Decidi que era forte e indestrutível demais para sentir tanta dor e então a escondi lá no fundo e superlotei minha agenda com todo tipo de trabalho que pude encontrar. Paguei por isso com uma terrível infecção renal. Como qualquer outra emoção poderosa, a energia da dor tem que ir para algum lugar, e, se não for trabalhada e liberada do corpo, você pode contar que ela vai cobrar seu preço mais cedo ou mais tarde. Portanto, tenha paciência com a dor da perda, em você e nos outros.

Por mais agonizante que seja a dor, quanto mais compreendemos a visão espiritual do que aconteceu, mais em paz podemos ficar e menos vamos culpar Deus por nos roubar alguém que amamos. Dizer "Ele o levou" faz Deus parecer muito arbitrário e egoísta, especialmente quando se trata de uma criança. Não é assim que funciona. Mesmo os bebês mais minúsculos abrigam espíritos eternos que compuseram seus projetos do Outro Lado antes de vir até aqui, e esses projetos incluem a sua morte. Não nos cabe compreender suas escolhas e as razões que levaram a elas. Cabe-nos apenas respeitá-las o melhor que pudermos, mesmo que pareçam cruéis e injustas. Deus não "leva embora" nenhum de nós ou nossos entes queridos contra nossa vontade eterna. Ele simplesmente nos ajuda a compor os projetos e viver de acordo com eles, e nos ama o suficiente para caminhar conosco e manter nossos espíritos em segurança ao longo do caminho.

Já tive inúmeros clientes cujo medo de perder as pessoas amadas os fazia manter-se emocionalmente à distância para se protegerem da dor da possível perda. No final, eles se privavam e a seus entes queridos da alegria da intimidade espiritual e, em vez de estarem protegidos quando ocorria a perda, precisavam lutar contra a culpa e o arrependimento por tudo o que tinham deixado de fazer. Vidas regidas pelo medo – mesmo o medo de algo tão devastador quanto a perda – são privadas da paz, da liberdade, do amor e da compaixão que este mundo tem a oferecer, se formos pacientes e não exigirmos demais.

Um cliente que me tocou profundamente foi um homem chamado Bernie, intensamente abalado pela dor da perda recente de sua esposa, após um casamento de 32 anos. Acrescido à sua imensa dor estava o fato de que, apesar de amar a esposa, ele sempre se mantivera a uma ligeira distância emocional dela e nunca chegara a lhe dizer quanto a amava. Durante a consulta, eu descobri a razão. Quando Bernie era criança, um dia ele disse à sua mãe o quanto a amava. Três dias mais tarde, ela morreu, de repente. Sem perceber, ele concluiu que amar alguém e lhe dizer isso significava que aquela pessoa ia desaparecer. Ao longo do casamento ele privara a si mesmo e a sua esposa da verdadeira intimidade emocional pela irônica razão de que a amava demais. Felizmente, nunca é tarde para dizer a nosso ente querido falecido tudo que está em nosso coração. Ele ouviu isso com um certo ceticismo, mas prometeu tentar. Uma semana depois teve o que descreveu como um sonho com sua falecida esposa, mas que, na verdade, foi uma visita dela, durante a qual ele expressou a profundidade de seus sentimentos por ela e o quanto ela o tinha feito feliz. No "sonho", ela lhe garantiu que nunca duvidara dele, o que fez sua mente e seu coração sossegarem.

É verdade que há conforto em saber que nossos entes queridos vivem em nossa memória e nossos corações. Mas eu acho ainda mais reconfortante o fato de que nós realmente incorporamos as qualidades que mais admiramos em cada um que toca nossas vidas. Fazemos muito mais do que lembrar dos entes queridos. Somos tributos vivos e ativos a eles, e o vazio que deixaram para trás pode ser diminuído se prestarmos atenção às muitas maneiras pelas quais eles estão vivos e fazem parte de nós. Sou aprimorada todos os dias pelo senso de humor do meu pai, a sabedoria da minha avó e seu amor pelos netos, e pela compaixão, a generosidade, as percepções únicas, as risadas e a coragem incomuns dos meus grandes amigos que já se foram. Quando olhamos para nós mesmos como mosaicos, combinando nossas próprias cores brilhantes com as daqueles cuja falta sentimos para criar um todo envolvente, percebemos que realmente nunca "perdemos" ninguém.

A verdade permanece, no entanto: não podemos evitar as perdas que teremos que enfrentar durante nossas vidas. Mesmo assim há algumas coisas maravilhosas que podemos fazer para nos manter preparados para a perda e que irão ajudar a nos tornar fortes o bastante para atravessá-la intactos.

Uma delas é manter nossos relacionamentos com os entes queridos em dia, evitando o mais possível os assuntos inacabados. Não faça isso por eles, faça por você. *Não há* assuntos inacabados para os nossos entes queridos quando estão do Outro Lado. Arrependimentos, ressentimentos, raiva e negatividade não existem quando eles estão no Lar. Mas meu coração fica partido quando ouço os clientes dizerem: "Ele sabe o quanto eu o amava?", "Eu queria pedir desculpas por aquela briga estúpida que tivemos. Nunca cheguei a fazer isso e agora é tarde demais" ou "Tenho tanto medo que ela ainda esteja zangada comigo". Por favor, não faça isso com você! Expresse o seu amor e faça as pazes hoje, enquanto vocês estão na mesma dimensão, para colher os benefícios.

A segunda coisa que podemos fazer é manter vivo, ativo e sempre acessível nosso relacionamento com a espiritualidade – com a divina presença de Deus que vive dentro de nós. Quanto mais estivermos em contato com nossas vidas espirituais e com nossa consciência do amor e da sabedoria de Deus, mais facilmente vamos lembrar da verdade que cada um de nós conhece nos recônditos da alma, de que mesmo a perda mais cruel e devastadora é temporária. Por mais que pareça infindável enquanto tentamos nos recuperar dela, é um piscar de olhos em uma eternidade e apenas a alguns momentos da alegria inimaginável dos encontros que podemos esperar ter quando estivermos todos de volta ao Lar, juntos de novo do Outro Lado.

10. Morte

Parecemos acreditar que a morte é, por definição, uma provação medonha, uma passagem horrorosa e que nosso espírito vai morrer junto com nosso corpo. Mas aqui vai uma coisa fascinante que aprendi através de milhares de sessões de regressão hipnótica. Cada cliente que já tive está muitíssimo menos traumatizado pela memória da morte em uma vida passada do que pelo nascimento nesta. Se você pensa que eu só estou dizendo isso para fazer você se sentir melhor, imagine o processo do nascimento. Num minuto você está num lugar escuro, seguro e quentinho, dormindo, se alimentando e cuidando da própria vida. No minuto seguinte você está sendo espremido por um lugar apertado, agarrado por mãos frias ou aço frio e puxado para aquelas luzes brilhantes em uma sala cheia de estranhos gritando, berrando e encarando você, até que um deles lhe dá uma palmada e depois corta seu tubo de alimentação. Você já passou por isso, senão não estaria aqui. O que é o momento da morte comparado a isso?

Também nos preocupamos sem necessidade em imaginar *como* vamos morrer. É importante perceber que, quando redigimos nosso projeto antes de vir para cá, escrevemos nele cinco "pontos de saída" – cinco oportunidades diferentes para deixar esta vida e voltar ao Lar. Numa analogia simples: você decide deixar um lugar que ama para uma viagem de estudos e aprendizado, sabendo que só vai embarcar nessa viagem quando tiver garantido seu retorno, e este só acontecerá quando você estiver pronto. Antes de sair de casa, você acerta cinco opções para esse retorno, em estágios diferentes da viagem:

digamos, uma reserva de passagem de avião para dali a uma semana, uma passagem de trem para dali a um ano, uma passagem de ônibus depois de cinco anos, um carro alugado dali a 12 anos e reservas num navio de cruzeiro para dali a 25 anos. Você prometeu a si mesmo que, ainda que sinta falta de casa enquanto estiver ausente, vai continuar a viagem até ter atingido seus objetivos preestabelecidos. Se isso acontece em apenas uma semana, você irá embarcar naquele avião. Se levar 12 anos, vai usar aquele carro alugado, e assim por diante. Em outras palavras, os cinco pontos de saída são simplesmente cinco meios de transporte que você reserva antes de deixar o Lar e é você quem escolhe qual dos cinco vai tomar, dependendo do momento em que sentir que já aprendeu tudo o que precisava.

Alguns pontos de saída são óbvios e você os reconhece. Um acidente sério, uma doença grave, até mesmo uma colisão que você evitou por pouco ou uma queda do berço a meio palmo de uma quina afiada que poderia matá-lo são exemplos perfeitos. Mas outros pontos de saída são tão sutis que você pode não os reconhecer: uma entrada "errada" na estrada, um cancelamento ou mudança de vôo na última hora, alguma coisa aparentemente trivial como uma série de atrasos tolos que impedem você de sair de casa na hora que planejou. Quer você tenha ou não consciência de que um dos seus pontos de saída chegou e ficou para trás, não existem "acidentes": tudo é parte da mágica da vida e de Deus.

Por favor, não entre em pânico se você pensar nos pontos de saída que já teve e perceber que foram quatro e que você agora vai enfrentar o quinto e final. Você não os distribui uniformemente quando escreve o projeto. Podem passar décadas entre um e outro. Eu tive o terceiro e o quarto pontos de saída no mesmo ano. Isso foi há 20 anos, e minha Guia Espiritual me diz que o quinto ainda não está nem próximo.

Ela também assinala que, seja qual for o ponto de saída que você escolher usar para deixar a Terra, você também tem uma escolha sobre o tempo que quer levar se agarrando à corda que o retém aqui. A decisão de quando, com a bênção de Deus, nos entregaremos à paz e aos encontros jubilosos que estão nos esperando do Outro Lado é essencialmente nossa e somente nossa. Somos condicionados a nos agarrar, pelo bem dos nossos entes queridos. Mas será um ato de extrema e generosa bondade conseguir dizer a alguém que você ama e cujo tempo de partir chegou que vá em direção à luz, que volte ao Lar.

Quero enfatizar outra questão: com algumas poucas exceções, o suicídio *não é uma opção como ponto de saída em potencial.* Na maioria das vezes, o suicídio é um contrato quebrado com nós mesmos, com nossos projetos e com Deus. O alívio momentâneo buscado no suicídio é inteiramente desproporcional às conseqüências a longo prazo e que podem durar muitas vidas para a maioria dos suicidas.

Aposto que você pensava que eu ia lhe dizer para não ter medo da morte porque ela é uma "transição natural" e você estará indo "para um lugar melhor". Ambos os clichês são verdadeiros, mas estão de tal modo batidos que há muito tempo deixaram de dar qualquer conforto às pessoas. Eu tenho o benefício da comunicação direta com o mundo espiritual, por isso você não precisa aceitar a minha palavra de que a morte é fascinante, complexa, um passo a mais em uma jornada pela eternidade e uma magnífica reunião com o Lar do Outro Lado. Aceite a palavra daqueles que já "morreram" e que, através de mim, querem desesperadamente que você saiba que eles estão mais felizes, mais saudáveis e mais vivos do que nunca na divina luz branca de Deus que espera por todos nós.

Conhecimento é poder. Se alguma coisa o assusta, esteja ou não incluída neste capítulo – por favor, em vez de correr dela, procure conhecê-la e enfrentá-la. Nada parece tão assustador sob o brilho de luzes fortes. E na superação do medo está a diferença entre uma vida vivida plenamente e uma vida desperdiçada se escondendo no escuro, onde o sol não pode alcançá-lo.

9

Uma bênção final

Foi uma alegria empreender esta jornada com você, juntos aprendendo e crescendo na fé e celebrando o fato de que, como filhos de Deus, somos irmãos e irmãs, unidos por nossa herança divina e pela coragem necessária para escolhermos deixar o Lar e voltar até aqui. Sinto muito carinho por essa conexão, pelo intenso desejo de conhecimento, esperança e intimidade com o centro divino em cada um de nós que nos levou a nos encontrarmos nestas páginas.

Espero que possamos nos sentar juntos, as palmas voltadas para cima, recebendo a graça e a alegria de Deus, enquanto nossos espíritos se unem em uma prece que eu ofereço com amor:

Querido Deus,

Venho até Você consciente de que sabe quem eu sou e o que desejo realizar. Ajude-me todos os dias a seguir o projeto que escrevi, para que eu possa atingir minha própria perfeição e assim glorificar Seu sagrado nome. Permita que eu perceba sempre a luz branca do Espírito Santo me envolvendo e a Consciência de Cristo me guiando. Se eu cair, como todos fazemos, dê-me Sua mão para me guiar de volta ao caminho que escolhi.

Prometo usar meu discernimento, minha honra e minha integridade para seguir sempre o caminho do bem. Procurarei nunca ferir intencionalmente outra pessoa. Quero me entregar ao serviço pelos outros sem esperar nenhuma recompensa.

Peço que Sua luz envolva este mundo e traga paz e harmonia para todos. Espero que juntos criemos um mundo livre de preconceitos de cor, credo e religião. Desejo que Seu amor entre em cada coração, cada mente e cada alma.

Se cada coração se transformasse e sussurrasse Seu nome de amor, então toda a escuridão no mundo se transformaria em luz.

APÊNDICE: AFIRMAÇÕES

As orações são uma ligação com o Deus do qual fazemos parte. As afirmações, por outro lado, são a ligação com o Deus que faz parte de cada um de nós. Tornar uma prática diária tanto as orações quanto as afirmações pode criar milagres em nossas vidas.

As afirmações reforçam em nós aqueles elementos divinos que nos pertencem por direito de nascença – dignidade, auto-respeito, esperança, compaixão, paz de espírito e intimidade com o Poder Superior.

Existem inúmeras afirmações belíssimas na literatura: a Bíblia, o Alcorão, o Talmude, os escritos dos mestres budistas e outros que acendem o fogo e a verdade do Espírito Santo.

As diversas afirmações que incluí aqui são as que eu uso sempre que encontro um momento de calma. Elas são capazes de trazer êxtase e saúde verdadeiros.

"Deus me concedeu a força e a firmeza para viver este dia com paz, amor e alegria. Estou protegido de toda a negatividade ao meu redor pela luz branca do Espírito Santo."

"Ao longo deste dia irei visualizar-me e a meus entes queridos seguros dentro de uma perfeita bolha branca da luz de Deus. Vou cercar até mesmo meus inimigos com a mesma bolha de luz, para que Deus possa desarmar e dissolver a negatividade e a escuridão que nos separam."

"Peço hoje a cada célula do meu corpo para responder e reagir como fazia no auge da minha saúde e energia. Vou recusar toda a doença, sabendo que minha mente é mais forte que o meu corpo."

"Hoje vou me tornar um pouco mais a pessoa que desejo ser. Vou fazer uma lista das coisas indesejáveis que eu não sou, vou afirmar e celebrar todas as coisas maravilhosas que eu sou e investir rumo à perfeição espiritual."

"Neste dia eu declaro, com a infinita força do poder de Deus, que mereço a abundância e os meios financeiros para uma vida confortável e que irei compartilhar minha abundância com os menos afortunados."

"Hoje vou prestar muita atenção a este veículo que é o meu corpo. Não vou negar nenhuma dor ou doença que necessite de cuidado médico especializado. Mas qualquer dor ou doença crônica sem gravidade vou condensar em uma bola de fogo, liberar do meu corpo, guardar em um cofre de chumbo grosso e fazê-la explodir para que se torne um vapor inofensivo e impotente."

"Vou escrever uma carta para Deus, dizendo a Ele todos os meus desejos, os meus sofrimentos, minhas frustrações e alegrias. Depois vou queimar a carta, confiando que a energia do fogo irá levar minhas palavras ao seu destino divino."

"Vou lembrar que tenho juventude, vigor, posso realizar qualquer objetivo e possuo grande beleza na mente e no espírito."

"Eu venho de Deus. Sou parte de Deus, e Deus é parte de mim. Nada pode me diminuir. Sou forte, sou capaz de amar e receber amor, porque vivo todos os dias de acordo com o grande plano de Deus."

"Vou me amar completamente neste dia, vendo-me com orgulho e honra. Minha alma e meu espírito vêm de Deus, e por isso meu amor não permite que alguém me desfigure ou difame de alguma maneira."

Por nove noites, precisamente às 9 horas, acenda uma vela e repita:

"Sou um filho abençoado de Deus. Estou bem. Sou feliz. Uma grande abundância está a caminho porque tenho o poder de criar milagres."

CONHEÇA OUTROS TÍTULOS DA EDITORA SEXTANTE

Conversando com os espíritos
James Van Praagh

Nesse livro, você encontrará diversas histórias tocantes sobre a comunicação depois da morte, como a da mãe que reencontra esperança e razão para viver nas palavras meigas, mas corajosas, de sua filha, vítima da Aids. O que estes espíritos contam sobre si, sobre um maravilhoso lugar de paz e de luz e sobre laços eternos de amor nos inspira e enche de emoção.

Consciente da dor e da angústia que a morte causa, Van Praagh oferece meios de lidar com a perda de maneira positiva e saudável. Ele mostra como entrar em contato com o reino espiritual, conhecendo seus espíritos-guias e identificando os sinais que seus entes queridos estão sempre enviando para você.

Em busca da espiritualidade
James Van Praagh

Nesse livro, James Van Praagh nos leva a uma viagem da alma através do tempo para revelar os mistérios do mundo espiritual e do processo da reencarnação, mostrando, entre outras coisas, o que acontece na morte e como uma alma escolhe o seu renascer.

Relatando tocantes histórias de comunicação após a morte, o autor demonstra de que forma nossas energias espirituais podem ser bloqueadas por emoções negativas como a culpa e o medo. Ele ensina exercícios e meditações que ajudarão a nos manter centrados e oferece as chaves para desenvolver o nosso crescimento espiritual e o de nossos filhos.

Histórias para aquecer o coração
Jack Canfield, Mark V. Hansen e Heather McNamara

Um dos maiores fenômenos editoriais dos últimos tempos, *Histórias para aquecer o coração* é o primeiro título da premiada coleção que tem inspirado leitores de todas as idades.

Cada uma das histórias de amor, sabedoria e vida desse livro contém algum significado especial. Elas alegram, comovem, reacendem a esperança e estimulam o desejo de se empenhar para amar e viver plenamente. São histórias que fazem bem à alma e aquecem o coração.

Histórias para aquecer o coração das mães
Jack Canfield, Mark V. Hansen, Jennifer R. Hawthorne e Marci Shimoff

Como agradecer adequadamente às nossas mães pelo imenso dom da vida e pelo amor incondicional que delas recebemos? Como homenagear nossas esposas, filhas, parentes e amigas que são mães pelo fantástico papel que elas desempenham?

Para começar, podemos nos lembrar de expressar todo o amor e gratidão que sentimos por elas.

As histórias desse livro realçam o elo de amor que liga mães e filhos e falam da coragem de uma mãe diante de desafios, da sabedoria que compartilha com seus filhos, dos momentos especiais que geram nossas recordações mais valiosas e, finalmente, do fantástico processo de se tornar mãe, seja através do nascimento ou da adoção.

A cura através da terapia de vidas passadas
Brian Weiss

Autor dos best sellers *Muitas vidas, muitos mestres* e *Só o amor é real*, o Dr. Brian Weiss aprofunda em *A cura através da terapia de vidas passadas* sua experiência com o extraordinário poder curativo deste tipo de terapia e responde às inúmeras perguntas suscitadas pelos seus livros.

Relatando casos reais ocorridos em seu consultório, ele mostra como a terapia de regressão pode curar as dores físicas, o pesar pela perda de pessoas queridas, os relacionamentos conflitivos e os mecanismos nocivos de defesa, ajudando-nos a criar relações amorosas e desbloquear talentos reprimidos.

Os espelhos do tempo
Brian Weiss

Em *Os espelhos do tempo*, o Dr. Weiss descreve os benefícios dos exercícios de regressão, desfazendo os principais mitos a seu respeito e respondendo às dúvidas mais freqüentes sobre o seu uso.

Acompanhado de um CD com as meditações *Exercícios de regressão* e *Regressão através do tempo*, esse livro vai ajudar você a entender o processo de regressão e a iniciar as suas próprias experiências.

O poder das afirmações positivas
Louise Hay

Louise Hay mostra nesse livro que não devemos deixar os sentimentos de tristeza, raiva, medo e culpa dominarem nossa mente. Podemos nos deter neles e continuar sofrendo, ou podemos desviar nosso pensamento para aspectos agradáveis e prazerosos, afirmando com uma convicção cada vez mais forte as coisas boas que desejamos atrair para nossas vidas.

Esse livro vai mostrar que fazer afirmações é escolher conscientemente certos pensamentos que vão gerar resultados positivos no futuro. As afirmações vão mudar seu modo de pensar e podem produzir verdadeiros milagres em sua vida.

A arte da meditação
Daniel Goleman

Nesse livro, Goleman afirma que talvez o efeito mais importante da meditação seja a paz interior, um refúgio onde você pode escapar da turbulência do dia-a-dia. O hábito de meditar diariamente vai ajudá-lo a se desligar do estresse e trará calma e energia para você enfrentar melhor os desafios que vêm pela frente.

Há vários tipos de meditação e você vai aprender quatro deles no CD que acompanha esse livro. Experimente cada um durante algumas semanas até descobrir qual prefere. Escolha aquele ou aqueles com que você se sentir melhor e use-os sempre que meditar.

A essencial arte de parar
David Kundtz

Você se sente atordoado pelo ritmo acelerado da sua vida? Deseja dar mais atenção a valores fundamentais?

Se é isso o que quer, esse livro vai lhe ensinar três formas de parar e como cada uma delas é adequada a um momento diferente da vida. Usando esse método, você ficará mais atento e será capaz de escolher o que é melhor para a sua vida.

Praticando o Poder do Agora
Eckhart Tolle

O Poder do Agora em pouco tempo já demonstrou ser um dos maiores livros espirituais da atualidade. Ele contém uma força que vai além das palavras e pode nos conduzir a um lugar de grande serenidade, acima dos nossos pensamentos, um lugar em que os problemas criados por nossas mentes se dissolvem e onde descobrimos o que significa criar uma vida de liberdade.

Praticando o Poder do Agora é uma seleção cuidadosa de trechos de *O Poder do Agor*a. Ele serve como uma excelente introdução aos ensinamentos do autor, além de mostrar, de forma objetiva, práticas específicas e chaves que revelam como descobrir e alcançar "a graça, o bem-estar e a iluminação". Basta acalmar os pensamentos e olhar, no momento presente, o mundo diante de nós.

Espiritualidade
Leonardo Boff

Nesse livro, Leonardo Boff mostra que a espiritualidade vive da gratuidade e da disponibilidade, vive da capacidade de enternecimento e de compaixão, vive da honradez em face da realidade e da escuta da mensagem que vem permanentemente desta realidade.

A espiritualidade quebra a relação de posse das coisas para estabelecer com elas uma relação de comunhão. Mais do que usar, contempla.

Segundo o autor, existe dentro de nós uma chama sagrada coberta pelas cinzas do consumismo, da busca de bens materiais, de uma vida distraída das coisas essenciais. É preciso remover tais cinzas e despertar a chama sagrada. E então seremos como um sol.

Uma ética para o Novo Milênio
Dalai-Lama

O 14.º Dalai-Lama registra nesse livro seu mais pungente manifesto para o mundo. Com uma visão ao mesmo tempo crítica e otimista, o Dalai-Lama examina o papel social desempenhado pela educação, mídia, política internacional e religião, levando-nos a assumir a responsabilidade por nosso futuro e a criar um sistema ético que seja global e viável.

Ele também apresenta uma visão radical do progresso material, do desenvolvimento tecnológico e da falta de contentamento e de ética de nossa sociedade. Ele defende que o alto grau de ansiedade, ambição, estresse, insegurança e depressão que existe no mundo desenvolvido pode ser alterado com uma mudança em nossas percepções básicas. Precisamos perceber que o bem-estar dos outros está intimamente ligado ao nosso e agir de acordo com esse princípio fundamental.

CONHEÇA OS 30 CLÁSSICOS DA EDITORA SEXTANTE

O monge e o executivo, de James C. Hunter

Você é insubstituível, *Dez leis para ser feliz*, *Pais brilhantes, professores fascinantes* e *Nunca desista de seus sonhos*, de Augusto Cury

O Código Da Vinci e *Anjos e Demônios*, de Dan Brown

Jesus, o maior psicólogo que já existiu, de Mark W. Baker

Por que os homens fazem sexo e as mulheres fazem amor?, de Allan e Barbara Pease

O que toda mulher inteligente deve saber, de Steven Carter e Julia Sokol

Muitas vidas, muitos mestres, de Brian Weiss

Enquanto o amor não vem, de Iyanla Vanzant

Não leve a vida tão a sério, de Hugh Prather

A última grande lição e *As cinco pessoas que você encontra no céu*, de Mitch Albom

Um dia "daqueles" e *Querida mamãe, obrigado por tudo*, de Bradley Trevor Greive

Palavras de sabedoria, de Sua Santidade, o Dalai-Lama

A vida é bela, de Dominique Glocheux

1.000 lugares para conhecer antes de morrer, de Patrícia Schultz

Transformando suor em ouro, de Bernardinho

Os segredos da mente milionária, de T. Harv Eker

Mantenha o seu cérebro vivo, de Lawrence Katz e Manning Rubin

O Poder do Agora, de Eckhart Tolle

O poder da paciência, de M. J. Ryan

Aprendendo a gostar de si mesmo, de Louise Hay

A arte da meditação, de Daniel Goleman

A Boa Sorte, de Álex Rovira Celma e Fernando Trías de Bes

O ócio criativo, de Domenico De Masi

A Dieta do Abdômen, de David Zinczencko e Ted Spiker

INFORMAÇÕES SOBRE OS PRÓXIMOS LANÇAMENTOS

Para receber informações sobre os lançamentos da
Editora Sextante, basta enviar um e-mail para
atendimento@esextante.com.br
ou cadastrar-se diretamente no site
www.sextante.com.br

Para saber mais sobre nossos títulos e autores, e enviar
seus comentários sobre este livro, visite o nosso site
www.sextante.com.br

Editora Sextante
Rua Voluntários da Pátria, 45 / 1.404 – Botafogo
Rio de Janeiro – RJ – 22270-000 – Brasil
Telefone: (21) 2538-4100 – Fax: (21) 2286-9244
E-mail: atendimento@esextante.com.br

Conheça outros títulos da Coleção *Auto-estima*

365 mensagens de sabedoria e compaixão e *Uma ética para o Novo Milênio,* de Sua Santidade, o Dalai-Lama

A arte da meditação, de Daniel Goleman, Ph.D.

A arte da prudência, de Baltasar Gracián

A arte de viver, de Sharon Lebell

A cura através da terapia de vidas passadas e *Os espelhos do tempo,* de Brian Weiss

A essencial arte de parar, de David Kundtz

Aprendendo a conviver com quem se ama, de Neale Donald Walsch

Conversando com os espíritos, de James Van Praagh

Cultivando a saúde do corpo e da mente, Meditações para a manhã e para a noite e *O poder das afirmações positivas,* de Louise Hay

Descobrindo a alegria de viver, de Salle M. Redfield

Em busca da espiritualidade, de James Van Praagh

Espiritualidade, de Leonardo Boff

Faça o seu coração vibrar, de Osho

Histórias para aquecer o coração, de Jack Canfield, Mark V. Hansen e Heather McNamara

Histórias para aquecer o coração das mães, de Jack Canfield, Mark V. Hansen, Jennifer R. Hawthorne e Marci Shimoff

Histórias para aquecer o coração dos adolescentes, de Jack Canfield, Mark V. Hansen e Kimberly Kirberger

Histórias para aquecer o coração dos pais, de Jack Canfield, Mark V. Hansen, Jeff Aubery e Mark & Chrissy Donnelly

Lições sobre amar e viver, de Morrie Schwartz

Pequenos milagres, de Yitta Halberstam e Judith Leventhal

Praticando o Poder do Agora, de Eckhart Tolle